DANS LA MÊME COLLECTION

BERNADETTE VOUS PARLE, par René Laurentin.

ICÔNES DE LA MÈRE DE DIEU, par Maria Donadeo.

ICÔNES DU CHRIST ET DES SAINTS, par Maria Donadeo.

ICÔNES MARIALES RUSSES, par Maria Donadeo.

ICÔNES SURPRENANTES DE LA MÈRE DE DIEU, par A. Mathiot.

LA GRÂCE DE MARIE, par Servais Pinckaers o.p.

LOUANGES MARIALES DU PREMIER MILLÉNAIRE, par André Barucq, Constant Berselli et Georges Gharib.

LE ROSAIRE, par Renzo Agasso. Illustrations de Maurizio Boscolo.

LE SECRET DE MARIE, par saint Louis Grignion de Montfort.

LE TRAITÉ DE LA VRAIE DÉVOTION A LA SAINTE VIERGE, par saint Louis Grignion de Montfort.

SAINTE MARIE, MÈRE DE DIEU, par Bonaventure Beaufort.

LA VIE DE LA VIERGE MARIE, par Fabien Jouniaux-Dufresnoy.

REDEMPTORIS MATER, encyclique de Jean-Paul II.

MARIE DE CANA, par Loïc Corlay.

MARIE, JE TE DIRAI COMME UN POÈME, par André Vaillant.

MARIE, MÉDITATION DEVANT L'ICÔNE, par François-Xavier Durrwell.

VIE DE MARIE, par René Laurentin. Album illustré par Gaétan Ader.

PRIER MARIE, par Renzo Agasso. Illustrations de Maurizio Boscolo.

LE MYSTÈRE DE MARIE ET LA FEMME AUJOURD'HUI, congrès marial 1991

LA VIERGE MARIE DANS LA PIÉTÉ DU PEUPLE CHRÉTIEN DEPUIS VATICAN II, congrès marial 1992

LA MÈRE DU RÉDEMPTEUR, congrès marial 1993

LE CHAPELET

Jean LAFRANCE

LE CHAPELET

Un chemin vers la prière incessante

Sixième édition

MÉDIASPAUL

ISBN 2-7122-0303-8

Médiaspaul-Canada, 3965 boulevard Henri Bourassa,
MONTREAL, P. Qué. HIH 1L1
ISBN 2-89039-385-2

SOMMAIRE

INTRODUCTION

J'ai beaucoup hésité à écrire ces pages. Je les ai déchirées à plusieurs reprises pour les reprendre dans une autre formulation, expérimentant ce que dit si justement le Père Marie de la Chapelle : « Toute parole sur Marie s'exténue dans la sensation de toujours donner à côté. Elle se mue en quête silencieuse de ce qu'est cette femme entre toutes bénie. La difficulté ne procède pas du seul langage : les mots font défaut » (1).

Et cependant, dès que l'amour de Marie devient un peu brûlant dans le cœur d'un homme, celui-ci éprouve le besoin d'en parler, de le chanter ou plus simplement de l'exprimer par l'écriture. Saint Bernard, qui fut un grand chantre de Notre Dame, disait « qu'on n'en parlerait jamais assez ». Et en même temps, on éprouve l'insignifiance de ce qu'on dit et surtout l'inadéquation avec ce qui est vécu de Marie, dans les profondeurs du cœur, au point qu'on pourrait reprendre la parole d'Aristote à Anaximandre, à propos de Dieu : « RIEN DE PLUS STUPIDE QUE CE QU'IL DIT, RIEN DE PLUS IMPORTANT QUE CE QU'IL VEUT DIRE. »

Au fond, nul ne peut échapper à cette voie analogique qui fait qu'on affirme quelque chose de la Vierge, pour le nier aussitôt après, afin de rebondir dans une voie plus éminente.

---

(1) Revue *Notre-Dame de Tournay*. N° 171, octobre 1986, p. 158.

On reçoit alors une lumière nouvelle sur Marie, mais comme l'esprit humain a besoin de souffler un peu, on est heureux d'avoir retrouvé l'équilibre de la pensée, enrichi d'une nouvelle perception. Et au bout d'un certain temps, on reconstitue un autre circuit, imprimé, enrichi, mais toujours un circuit. Il faudra qu'à son tour il soit brisé jusqu'au jour — celui de la sainteté dans la gloire de la vision — où il n'y aura plus de circuit, plus rien, le Nada *de saint Jean de la Croix. Ce qui faisait dire à Bernadette : « Lorsqu'on a vu une seule fois la Vierge, on n'a plus qu'un désir, mourir pour la revoir. » Dans cet océan céleste, on nage sous la pression constante de la lumière divine qui ne permet plus de reconstituer le moindre circuit.*

Mais jusqu'à ce jour et tant que nous cheminerons encore sur la route de notre pèlerinage terrestre, il faut accepter de parler de Marie avec des mots humains très imparfaits. Les mots, disait le P. Besnard o.p., sont comme des paniers plus ou moins bien tressés, pour contenir la vérité de Dieu qui est souvent comme une eau vive ; ceux-ci doivent être sans cesse retrempés dans l'expérience de l'Esprit et donc dans la prière. Ajoutons que si cette parole surgit de l'expérience intime, elle éveillera forcément dans le cœur de ceux qui la lisent la reconnaissance de la même expérience mariale.

Quant à ceux qui n'ont pas fait cette expérience, qu'ils acceptent de ne pas juger trop hâtivement et de se mettre à prier la Vierge, en récitant humblement le chapelet ; ils ne tarderont pas à expérimenter cette présence de Marie dans toute leur vie. Car c'est là le paradoxe qui a donné naissance à ce livre : il n'y a aucune proportion entre ce que nous pouvons faire, prier simplement le chapelet —

à la limite, je dirais : le réciter matériellement —, et ce que nous ne pouvons pas faire et qui est une grâce de l'Esprit : à savoir, « qu'elle est tout le temps avec nous ». Mais il est difficile de comprendre cela tant qu'on n'en a pas fait l'expérience. C'est pourquoi je voudrais partir d'un exemple concret, celui du P. Vayssière, un grand dévot de la Vierge. Mais en écrivant cela, je vous préviens tout de suite que vous ne devez pas vous laisser piéger par les mots, par leur aspect vieillot ou démodé, mais pressentir l'eau vive qu'ils contiennent.

AVANT-PROPOS

Marie sera à l'âme l'oratoire du cœur
pour y faire toutes ses prières à Dieu

(Saint Louis-Marie Grignion de Montfort
Le secret de Marie, n° 47)

A Marie, Mère de la prière du cœur, je dédie ces pages consacrées à la méditation du Rosaire. L'expérience m'a montré que la présence de Marie dans le cœur de celui qui prie le chapelet attire en lui la prière de l'Esprit-Saint, comme un four solaire attire les rayons du soleil et obtient une température de plusieurs centaines de degrés. C'est ce qui s'est passé au Cénacle, quand Marie a joint sa supplication à celle des disciples, devenant ainsi le modèle de l'Eglise en prière : l'Esprit a mis le feu à l'Eglise et au monde en les portant au plus haut degré d'incandescence.

Oui, c'est un fait d'expérience : quand un homme prie le Rosaire, avec confiance et persévérance, tôt ou tard, il sent naître dans son cœur la prière incessante de l'Esprit. Il ne sait ni d'où elle vient ni où elle va, mais il est entraîné et emporté dans son mouvement. Alors il comprend la parole de Jésus dans l'évangile : *Il faut toujours prier et ne jamais se lasser* (Luc 18,1). C'est une chose qui ne s'explique pas, il faut essayer et s'y mettre jusqu'au jour où l'on recueille les fruits : « Mais à quoi est-ce que je m'arrête ! Il n'y a que l'expérience qui apprend ces merveilles de Marie, qui sont incroyables aux gens savants et orgueilleux et même au commun des dévots et dévotes » (*Le secret de Marie*, n° 57).

Dans ce domaine de la prière du cœur, dit le P. Dehau, Dieu agit un peu à la manière d'un sculpteur. En nous créant, il veut faire de nous des hommes de prière incessante, car il sait bien que sans lui, « la vie est une image de la mort » (Rimbaud). Alors il nous invite comme des apprentis à lui apporter de la glaise, beaucoup de glaise pour qu'il puisse la pétrir, la travailler et sculpter en elle notre vrai visage de prière. Dans la vie spirituelle, la glaise correspond à la quantité, au « volume » de prière, il faut donner à Dieu beaucoup de temps et beaucoup d'invocations pour qu'il puisse revêtir d'or pur la matière informe de notre pauvre prière et en faire la « prière pure » de son Esprit-Saint. Lorsqu'on ne peut faire de la prière une affaire de qualité, dit Mgr Antoine Bloom, il faut en faire une affaire de quantité. Dieu se chargera de lui donner la forme, quant à nous, chargeons-nous de la matière. Ne cherchons pas trop à savoir si nous prions bien ou mal, nous ressemblerions à cet apprenti qui veut prendre la place de son maître ; cherchons plutôt à ne jamais nous lasser, ni nous décourager. C'est comme si le maître nous disait : « Ne te mêle pas trop de ce que je vais faire. Tu pourrais gâcher le travail et abîmer mon chef-d'œuvre. Laisse-toi faire et contente-toi de m'apporter de la glaise »... Prie beaucoup, beaucoup et un jour tu seras surpris de recevoir le don de la prière du cœur.

En ce sens, le Rosaire par son « volume » et le temps qu'il requiert pour le prier correctement, ressemble à cette masse de glaise informe que l'on offre au Père pour qu'il la travaille de ses deux mains : le Verbe et l'Esprit-Saint (Saint Irénée). Le but de ces pages est essentiellement pédagogique et concret ; au moyen de conseils, de formules brèves, de tableaux, il veut nous aider à ne pas trop nous « ennuyer » en priant le chapelet, et si nous nous ennuyons, que ce soit profondément, parce que nous avons soif du contact avec Dieu et que seul l'Esprit-Saint peut nous donner l'eau vive. Peu importe que nous disions bien ou mal le chapelet, que nous ayons plus ou moins de distractions, et que nous ne sachions plus où nous en sommes, du moment que nous le prions avec Marie et en elle, nous sommes sur la voie de la prière incessante : « Si tu pries, ce sera en Marie, si tu reçois Jésus par la sainte communion, tu le mettras en Marie pour qu'il s'y complaise ; si tu agis, ce sera en Marie et partout et en tout tu prononceras des actes de renoncement à toi-même. Il faut n'aller jamais à Notre-Seigneur que par son intercession et son crédit auprès de lui, ne se trouvant jamais seul pour le prier » (*Le secret de Marie*, n° 47 et 48).

MARIE, L'ORATOIRE DU CŒUR

Je dois avouer, à ma honte, que je ne suis pas un familier des « dires » de Saint Grignion de Montfort, en particulier dans ses expressions d'esclave et d'esclavage, mais j'ai été très impressionné par une de ses paroles sur la prière du cœur, à propos de la Vierge, et j'ai compris le lien qu'il y avait entre « les prières » que l'on adresse à la Vierge et la prière de l'Esprit qui peut surgir à tous moments dans le cœur. Lorsqu'on est assoiffé de prière et qu'en même temps on a l'impression d'échouer lamentablement à prier sans cesse, on saisit comme libératrice toute parole qui nous donne confiance sur la route de la prière incessante. Nous avons mis cette parole en exergue à l'Avant-Propos.

C'est au moment où il conseille de faire toute chose en Marie, en s'accoutumant peu à peu à se recueillir au-dedans de soi-même pour y former une image de la Très Sainte Vierge. Et c'est là qu'il dit : « Elle sera à l'âme l'oratoire du cœur pour y faire toutes ses prières à Dieu, sans crainte d'être rebutée » (*Le secret de Marie*, n° 47). Il prend soin de noter que le cœur est un oratoire, c'est-à-dire une maison de prière, un lieu où habite l'Esprit, où « l'homme y fait toutes ses prières » dans la confiance d'être accueilli de Dieu (O Dieu, Tu as préparé dans le cœur de la Vierge Marie une Demeure digne de l'Esprit-Saint : Oraison de la fête du Cœur Immaculé). En employant le pluriel « prières », saint Grignion de Montfort nous fait entendre que l'homme doit beaucoup prier pour accueillir le don de l'oraison cordiale. Il n'y a aucune proportion entre ce que l'homme peut faire en priant le chapelet et la prière du cœur que l'Esprit peut lui donner quand il veut et comme il veut.

LA « TOUTE-PUISSANCE SUPPLIANTE »

C'est pourquoi après avoir dédié ces pages à Marie, la Mère de la prière du cœur, je crois qu'il faut la prier sous le vocable de la « Toute-Puissance suppliante ». En effet, s'il faut beaucoup prier pour parvenir à l'oraison du cœur, on ne dira jamais assez qu'il faut beaucoup le demander pour obtenir la grâce de supplier. Il ne va pas de soi de se mettre à genoux pour que la supplication nous envahisse comme un raz-de-marée qui soulève les montagnes et les jette dans la mer, comme le dit Paul à propos de la foi qui transporte les montagnes.

C'est la Vierge Marie qui a obtenu pour les apôtres, au Cénacle, la grâce de durer et de persévérer dans la prière, en attendant la venue de l'Esprit-Saint. C'est vers elle qu'il faut nous tourner aujourd'hui pour obtenir le don de la supplication permanente. A force de dire : « Sainte Marie, Mère de Dieu, prie pour nous, pauvres pécheurs, maintenant et à l'heure de notre mort », un jour les cieux s'ouvriront pour nous et nous comprendrons que Marie ne cesse pas un instant d'intercéder pour nous. Ainsi je suis intimement persuadé qu'en cette Année mariale, il faut la prier sous le vocable de « Notre-Dame de la Toute-Puissance suppliante », ou, comme disent nos frères orientaux, invoquer la Mère de la prière continuelle.

C'est peut-être la plus grande grâce que nous puissions recevoir au cours de cette année consacrée à Marie, ou du moins c'est la porte du ciel ouverte à toutes les autres grâces, tant matérielles que spirituelles. Quand un homme a retrouvé la clé de la supplication permanente, il reçoit en même temps le secret du bonheur. Il n'est pas dispensé pour cela de résoudre ses problèmes et d'assumer les tensions de son existence, mais il reçoit la grâce de « voir à travers » et de vivre dans la joie et la paix, comme Jésus, sous le regard du Père. Et la grâce de ce secret ne peut lui venir que de la Vierge Marie, parce qu'elle a été la première à vivre dans la prière permanente.

Ce qui me frappe dans les dernières apparitions de la Vierge reconnues par l'Eglise, c'est l'insistance de Marie sur la prière persévérante : « Priez, Priez,... beaucoup », comme si elle nous livrait le secret de sa propre vie : *Quant à Marie, elle retenait tous ces événements et les méditait dans son cœur* (Luc 2,19 et 51). Pour Marie, la prière du cœur a été le creuset où elle a pu dire au Père : *Qu'il me soit fait selon ta Parole*, parce qu'en même temps, elle a cru que rien n'était impossible à Dieu (Luc 1,37-38). Ce qui revient à dire que Marie n'a pu vivre l'obéissance totale de la foi qu'en étant suspendue à la volonté du Père dans la supplication incessante.

LA MÈRE DE LA PRIÈRE CONTINUELLE

Il m'arrive parfois de m'interroger sur le lien le plus profond que nous pouvons avoir avec la Vierge Marie, et j'en viens à me dire qu'il est du même type que la relation de Marie avec Dieu. Il est bien évident qu'elle a reçu de Dieu gratuitement tous les dons et privilèges que nous admirons et contemplons en elle, à savoir la maternité divine, l'Immaculée Conception et l'Assomption dans la gloire du ciel ; mais de sa part, ce que l'on doit le plus admirer chez elle, c'est l'acte de liberté qui l'a poussée à faire confiance à Dieu et à croire en lui. C'est ce que le pape dit admirablement dans l'encyclique qu'il vient d'écrire sur la Vierge Marie, à l'occasion de l'Année mariale. Pour approcher le *Fiat* de Marie, il évoque son obéissance de la foi et en cela, il reprend une expression de *Lumen Gentium* (n° 58), affirmant que « Marie a grandi dans la foi tout au long de son pèlerinage terrestre, gardant fidèlement l'union avec son Fils jusqu'au pied de la Croix » (*Redemptoris Mater*, n° 13, p. 24 et n° 17, p. 35, Éditions Médiaspaul).

De la part de Marie, le lien le plus profond qu'elle a eu avec Dieu a été de croire en lui, en un mot de lui faire une confiance absolue. Et cette foi de Marie qui s'exprime d'une manière privilégiée dans son *Fiat* repose sur la solidité et la puissance de la Parole de Dieu : *Rien n'est impossible à Dieu*, dira l'Ange à Marie lorsqu'elle se demandera comment une vierge peut devenir la Mère du Sauveur. Et pour montrer l'efficacité de sa parole, il lui dira : *Et voici qu'Elisabeth, ta parente, est elle aussi enceinte d'un fils dans sa vieillesse et elle en est à son sixième mois, elle qu'on appelait la stérile, car rien n'est impossible à Dieu.*

LA MÈRE DE L'IMPOSSIBLE

C'est en s'appuyant sur cette parole de l'Evangile que l'on peut dire que Marie a cru à l'Esprit-Saint, le Maître de l'Impossible. Quand elle ne comprend pas qu'une vierge ou une femme stérile puissent devenir mères, elle ne discute pas, mais invoque le Maître de l'Impossible. Il peut faire d'une femme âgée la mère du plus grand prophète ! Quand elle ne comprend pas l'attitude de Jésus au Temple, elle connaît une « certaine peine du cœur, rejoignant une sorte de nuit de la foi » (*Redemptoris Mater*, n° 17, pp. 33-34), mais elle ne se raidit pas et ne discute pas une évidence supérieure à la sienne, elle se met simplement à *méditer ces choses dans son cœur* (Luc 2,51) et donc à prier.

Marie ne sait faire que cela : prier pour s'abandonner à la volonté du Père dans le silence. En ce sens, elle est le modèle et la mère de l'intercession ; c'est pourquoi il faut la prier sous le titre de « Toute-Puissance suppliante » ou de « Mère de l'Impossible ». « Par son intercession répétée, elle continue à nous obtenir les dons qui assurent notre salut éternel... Ainsi la maternité de Marie demeure sans cesse dans l'Eglise, comme médiation d'intercession, et l'Eglise exprime sa foi en cette vérité en invoquant Marie sous les titres d'Avocate, d'Auxiliatrice, de Secourable, de Médiatrice » (*Redemptoris Mater*, n° 40, p. 86).

L'amour maternel de Marie la rend attentive aux frères de son Fils qui poursuivent leur pèlerinage de foi et qui se trouvent engagés dans les épreuves et le combat de la foi ; elle intercède en leur faveur. Ainsi, de sa part, son amour maternel se concrétise par sa présence à nos côtés et surtout par la puissance de son intercession. De notre part, notre amour filial s'exprime par une attention vigilante à garder la présence de Marie, à travers notre action et notre prière, mais surtout par une inlassable intercession qui nous garde suspendu à elle. Le lien le plus profond que nous avons avec elle est bien sûr l'amour qui se concrétise par l'intercession. Cette attitude de recours à la Vierge peut s'exprimer de bien des façons, mais la manière la plus simple et la plus courante est bien sûr le chapelet où l'on se glisse dans son intercession. Cette invocation répétée à longueur de temps nous fait expérimenter sa présence agissante : « On n'a jamais entendu dire qu'aucun de ceux qui ont eu recours à votre protection, imploré votre assistance et réclamé votre intercession ait été abandonné de vous » (*Souvenez-vous*).

De même que l'intercession est pour nous le lien le plus profond qui nous rende présents à la Vierge Marie, de même l'intercession de Marie pour nous est le lien de présence le plus intense qu'elle tisse avec « chacun » d'entre nous. Marie est présente là où elle agit et intercède. Une des plus grandes grâces qu'un homme puisse recevoir ici-bas est d'avoir en permanence la présence de Marie. Cela transforme une existence, car c'est l'Esprit qui se rend agissant pour nous faire expérimenter la présence de Marie. Pour terminer cet Avant-Propos, je voudrais vous laisser sur une des paroles les plus profondes de Grignion de Montfort, à propos de la présence de Marie, elle rejoint celle que vous lirez plus loin à propos du Père Vayssière qui affirmait « avoir toujours avec lui la présence de Marie » :

« Prends bien garde encore de te tourmenter si tu ne jouis pas sitôt de la douce présence de la Sainte Vierge en ton intérieur. Cette grâce n'est pas faite à tous ; et quand Dieu en favorise une âme par grande miséricorde, il lui est bien aisé de la perdre si elle n'est pas fidèle à se recueillir souvent ; et si ce malheur t'arrivait, reviens doucement et fais amende honorable à ta Souveraine » (*Le secret de Marie*, n° 52).

PRIÈRE DE CONSÉCRATION A LA VIERGE MARIE

O Marie, tu as gardé dans ton cœur tous les événements de la vie de Jésus et tu les as médités dans la prière. A l'Annonciation, tu as pu obéir à la volonté du Père, dans la foi, parce que tu as cru que rien n'était impossible à Dieu. Nous croyons que tu es la Mère de la prière du cœur et de la supplication incessante. Quand les apôtres attendaient l'Esprit qui leur était promis, tu as joint ta supplication à celle des disciples, devenant ainsi le modèle de l'Eglise en prière. Obtiens-nous la grâce de prier sans cesse pour que nous soit fait le don de la prière du cœur.

Sur la croix, Jésus a voulu que tu sois notre Mère et tu nous as vraiment reçus comme tes enfants. Comme l'apôtre Jean, nous voulons te prendre chez nous et te consacrer toute notre personne, en réponse à ton amour de Mère. Nous demandons à l'Esprit-Saint de nous faire goûter ta présence maternelle. Comme une maman apprend à son petit enfant à marcher, éduque notre cœur, notre corps et notre esprit à devenir souples et dociles à la voix de l'Esprit-Saint.

Comme toi, nous voudrions obéir dans la foi au bon plaisir du Père et être entièrement consacrés à l'Esprit de Jésus ressuscité. Nous confessons que c'est à notre portée de le désirer, mais non pas de le réaliser car nous sommes pécheurs. Nous nous tournons vers Toi, la Toute-Puissance suppliante : demande pour nous à ton Fils la grâce de prier sans cesse, afin que l'impossible devienne possible, dans toute notre existence.

Une fois encore, nous demandons à l'Esprit-Saint de nous faire la grâce d'expérimenter ta présence. Nous confessons que c'est un don gratuit qui n'est pas fait à tous, mais qu'il transforme la vie de celui qui le reçoit. Ainsi nous pourrons penser, parler, agir en toi, et surtout goûter la joie de partager ta prière et de nous laisser regarder par toi.

1

« JE SUIS TOUT LE TEMPS AVEC ELLE »

« On ne peut pas demander à tout le monde la dévotion totale et le total abandon à Notre Dame », disait le Père Vayssière o.p., parce que c'est une grâce inspirée par le Saint-Esprit. Et le Père ajoutait en baissant les yeux : « Moi, je ne sais pas ce qui m'est arrivé, mais je suis tout le temps avec elle. » « Je me suis rendu compte, précise son interlocutrice, que c'était un peu comme une confidence qui le dépassait » (1).

En lisant cette parole, j'ai envie de dire comme Edith Stein qui avait passé la nuit à lire les œuvres de sainte Thérèse d'Avila : « Ceci est la vérité ! » Tous ceux qui prient réellement la Vierge pourraient souscrire à cette confidence du P. Vayssière, surtout s'ils ont fait l'expérience de la présence « visible » de Marie dans leur vie. Il ne s'agit pas de visions imaginaires ou même intellectuelles, il ne s'agit même pas de sentir affectivement la présence de Marie. Une personne m'a un jour fait cette confidence ; elle avait connu une grande conversion avec l'expérience sensible de la présence agissante de Marie durant quelque temps, puis tout s'était estompé ; mais il demeurait au fond du cœur un atta-

(1) *Avec Marie, Mère de Jésus.* Doctrine mariale du P. Vayssière. M. D. Poinsenet. Ed. Saint-Paul, pp. 59-60.

chement de foi à Marie, qu'elle traduisait par la récitation continuelle du chapelet. Je lui ai dit de ne pas s'inquiéter, car c'est la véritable dévotion à la Vierge.

A certains jours, on s'interroge vraiment pour savoir si on aime la Vierge, car il n'y a rien de sensible dans notre relation à elle, mais on la sent présente dans tout ce qu'on pense, dit ou fait. Comme dit le P. Vayssière, « on est avec elle », avec tout ce que cette préposition connote de force, d'amitié, voire d'intimité. Certains iront même jusqu'à dire qu'ils sont en elle : autant d'expressions qui essaient d'approcher ce mystère d'intimité, sans jamais l'épuiser.

C'est surtout dans le domaine de la prière — et cela va de soi — qu'on expérimente cette présence prééminente de Marie, au point que parfois, on se pose des questions — je ne dirai pas qu'on s'inquiète, car Marie donne toujours la paix — mais on se demande quand même s'il n'y a pas concurrence avec Dieu. C'est alors que la réponse arrive en même temps que la question. Non seulement Marie n'est pas à la première place dans notre prière, mais elle s'efface totalement pour devenir pure transparence de Dieu. Elle est vraiment comme disent les Pères, « Miroir de la sainteté », Miroir de la Justice et miroir du Soleil de Dieu. Ce qui fait qu'en la regardant, elle reflète le visage inconnu de Dieu, celui qui ne ressemble à rien : l'Au-delà de tout, qu'on ne peut nommer mais seulement prier. Peu importe qu'on regarde le soleil directement ou dans un miroir. La seule crainte à avoir est que ce soit un mirage : Marie nous offre-t-elle le soleil ou la lune ? La réponse vient de la totale pureté : elle ne peut que refléter la gloire du Très-Haut. Disons en passant — mais nous y reviendrons — qu'en regardant notre visage dans le miroir très pur de la Vierge, nous y découvrirons tout ce qui fait obstacle en nous à la sainteté de Dieu.

Mais revenons à la manière dont on expérimente comment Marie prie avec nous et pour nous. Dès que vous vous réveillez le matin, vous connaissez une période de demi-sommeil où vous discutez souvent avec vous-même, ne sachant quel parti prendre : vous lever ou rester au lit. Ne discutez pas avec vous-même car, discuter, c'est déjà contester d'une certaine manière. Prenez simplement votre chapelet en main et récitez-le, j'ai envie de dire « bêtement et machinalement », en insistant sur la demande « priez pour nous, pauvres pécheurs », quel que soit l'état dans lequel vous êtes. Parfois, vous n'aurez même pas le courage de le réciter, mais dites-vous alors : « Je tiens un bout de la chaîne et Marie tient l'autre bout. Qu'elle fasse son travail de m'attirer dans la prière ! » Souvent, vous n'aurez pas terminé la première dizaine que vous serez debout.

C'est alors qu'on touche du doigt l'intercession de Marie et que l'on trouve Dieu dans la prière sitôt que l'on s'y met. Saint Ignace disait qu'il trouvait Dieu à l'oraison quand il le voulait et comme il le voulait. La formule est très belle : « Toutes les fois qu'il voulait trouver Dieu et à l'heure qu'il le voulait, il le trouvait. »

Il conseillait aussi aux scolastiques qui n'avaient pas beaucoup de temps à consacrer à la prière de « chercher Dieu en toutes choses » : actions, conversations, repas, détente. Et il ajoutait que ceux qui cherchent cette présence de Dieu en tout se disposent à recevoir de grandes visites du Seigneur, même en de brèves oraisons. C'est une grande grâce, de recevoir le don de l'oraison, et je suis persuadé que la grâce de la prière continuelle nous est toujours obtenue par l'intercession de Marie : « Si vous avez le don de la prière, disait le P. de Sertillanges, de grâce, ne demandez rien d'autre. » Si vous n'avez pas encore obtenu ce don, demandez à la Vierge celui de la fidélité à la prière. Dans un entretien avec André Sève, reproduit dans le journal *La Croix*, le Père Congar disait que dans sa vie de malade, la prière était son grand réconfort. Et il ajoutait : « Dieu ne m'a pas fait la grâce de la prière, mais il m'a fait la grâce de la fidélité dans la prière. »

2

UNE GRÂCE INSPIRÉE PAR LE SAINT-ESPRIT

Rappelez-vous la parole du P. Vayssière : « On ne peut pas demander à tout le monde la dévotion totale à la Vierge... parce que c'est une grâce inspirée par le Saint-Esprit. » En d'autres termes, tout le monde ne peut pas comprendre cette présence de Marie enveloppant toute la vie, sans une intervention spéciale de l'Esprit. On peut inviter les hommes à prier la Vierge en leur conseillant de réciter le chapelet, mais on ne peut les conduire jusque-là tant qu'ils ne sentent pas d'eux-mêmes la joie dans la prière, tant que la prière ne coule pas en eux comme une source d'eau vive ou ne brûle pas leur cœur comme un feu. Alors la prière est là, présente dans le cœur sans qu'on ait fait d'effort pour la produire, on n'a qu'à la cueillir.

Un des plus grands désirs de la Vierge est de nous conduire de jour en jour plus profondément dans la prière, mais elle ne peut pas nous y contraindre. Nous ne pouvons pas savoir la valeur de la prière incessante tant que le Saint-Esprit ne nous en inspire pas la grâce, tant que de nous-mêmes et sous la mouvance de l'Esprit, nous ne disons pas : maintenant c'est le temps de la prière, il n'y a rien de plus important pour moi que Dieu seul.

Quand vous verrez un homme tout quitter pour se consacrer totalement à la prière, avec un amour particulier de la Vierge, vous pourrez vous dire qu'il est dans la grâce du Saint-Esprit, et vous le reconnaîtrez pour l'ami du Verbe et le fils bien-aimé du Père. On reconnaît un homme de prière à ceci : il ne se fixe pas un maximum de prière pour se livrer à d'autres occupations, mais il détermine le maximum de temps qu'il accorde à son devoir d'état ou au service des frères, pour revenir aussitôt à l'oraison. Chaque fois qu'il a du temps libre, il se plonge dans la prière, comme aimanté par un poids de prière qu'il porte en lui.

Mais regardons de plus près comment les choses se passent quand il est à l'oraison. Nous disions plus haut que celui qui prie le chapelet dès son réveil trouve soudain son cœur en état de prière et entre immédiatement en oraison. Là encore, la Vierge demeure présente au cheminement de sa prière, avec une note très particulière de supplication. Au lieu de penser à Dieu, ou d'imaginer qu'il est sous son regard, il se met à l'appeler et à l'invoquer. Etant donné qu'il a pris le pli de demander à la Vierge d'intercéder pour lui en disant : « Sainte Marie, Mère de Dieu, priez pour nous, pécheurs », cette sortie de lui pour supplier devient comme un mouvement naturel, car il sait que le cri suppose la présence de Celui qu'on appelle, ou la provoque.

Peut-être commence-t-il à invoquer le Saint-Esprit, avec l'aide de Marie, imitant par là l'attitude de prière des apôtres au Cénacle : *Ils étaient assidus à la prière, avec Marie, Mère de Jésus* (Act 1,14) ! Ce qui est important dans cette prière, ce n'est pas tant de penser à l'Esprit-Saint que de l'invoquer avec une seule parole : Viens ! Il lui semble alors qu'à l'intérieur de son cœur, Marie intercède avec lui. C'est ce qui donne à sa prière une confiance, une assurance et une persévérance absolues. Et il l'appelle jusqu'au moment où l'Esprit-Saint vient lui-même intercéder en lui avec des gémissements ineffables (Rom 8,26). La prière à l'Esprit est toujours invocation et intercession.

Un des signes de la présence de la prière de l'Esprit dans notre cœur, c'est qu'il nous oriente vers la prière au Christ car, *Nul ne dit : « Jésus est Seigneur » s'il n'est sous l'action de l'Esprit* (1 Cor 12,3) ou alors il nous attire vers le Père en nous donnant de nous reposer sous son regard, en murmurant simplement son nom : *Abba* (Rom 8,15 et Gal 4,7). Mais là encore, l'orant expérimente qu'il doit passer par la prière de Marie pour supplier le Père en Jésus comme *ses élus qui crient vers lui jour et nuit et à qui Dieu fait prompte justice* (Luc 18,7-8). Marie est toujours là quand nous sommes introduits au cœur des relations d'amour entre les personnes de la Sainte Trinité. On le constate dans la vie de beaucoup de saints.

Je pense ici à Silouane qui entend une parole du Christ à la Vierge : « Il est bien de notre famille. » On trouverait à peu près l'équivalent dans la vie de saint Ignace (dans la vision trinitaire de La Storta). Il est alors « très spécialement visité par Dieu » (*Aut.* p. 96). Remarquez aussi la similitude avec Silouane. Ignace avait consacré une année « à se préparer et à prier la Vierge qu'elle voulût bien le mettre avec son Fils » (*Aut.* p. 96). Et voilà ce qui lui arriva : « En train de faire son oraison, il éprouva un tel changement dans son âme et il vit si clairement que Dieu le Père le mettait avec le Christ, son Fils, qu'il n'aurait pas le courage de douter de cette chose que le Père le mettait avec son Fils » (*Aut.* p. 96). Il lui sembla voir le Christ avec la croix sur l'épaule et, près de lui, le Père qui lui disait : « Je veux que tu le prennes pour ton serviteur. » De sorte que Jésus le prenait en lui disant : « Je veux que tu nous serves » (1).

En ce domaine de l'oraison trinitaire, chacun a sa manière de rejoindre chacune des Personnes, et c'est encore une grâce inspirée par l'Esprit-Saint de saisir intuitivement leur unité. Cette grâce, dit Thérèse d'Avila, n'est pas d'ordre intellectuel, elle est dans une prise de conscience vitale et existentielle de notre union avec les trois Personnes : « Ces Personnes s'aiment, elles communiquent entre elles et se connaissent. Puisque chacune existe par elle-même, comment pouvons-nous dire qu'elles ne sont toutes les trois qu'une seule essence et le croire ? Le Père pourrait-il être sans le Fils et sans le Saint-Esprit ? Non, parce qu'on ne saurait les séparer. Comment se fait-il donc que nous les voyions distinctes, comment le Fils a-t-il pris chair humaine et point le Père, ni le Saint-Esprit ? Cela *je ne l'ai pas compris,* les théologiens le savent. Je sais bien que pour cette œuvre merveilleuse, ils étaient tous les trois, et je n'y consacre pas beaucoup d'efforts. Ma pensée s'en tient à l'idée que Dieu est tout-puissant, que ce qu'il a voulu, il a pu le faire et que, de même, il pourra tout ce qu'il voudra ; et moins je le comprends, plus j'y crois, et plus cela m'inspire de dévotion. Qu'il soit béni à jamais. Amen » (2).

C'est à ce point exact de la toute-puissance de Dieu que la Vierge intervient pour nous faire saisir et expérimenter dans la prière que la Trinité demeure en nous et nous asso-

---

(1) Lainez-Adhort, in examen 7 (F. N., II, 133).
(2) *Les Faveurs*. 22 septembre 1572. THÉRÈSE D'AVILA. Œuvres complètes, D.D.B., p. 554.

cie à sa vie intime, car elle a elle-même entendu de la bouche de l'Ange à l'Annonciation : *Rien n'est impossible à Dieu* (Luc 1,37). Il est peu question de l'intercession de Marie dans les évangiles de l'enfance : Luc note plutôt sa prière de louange qui éclate dans le *Magnificat.* Mais il n'y a aucun doute qu'en découvrant que rien n'était impossible à Dieu, Marie a été plongée dans une prière de supplication qui l'a introduite, par l'obéissance de la foi, au cœur des Trois.

En nous éduquant à la prière d'intercession, Marie nous accompagne sur notre chemin de supplication et elle est présente dans notre invocation du Nom du Père, du Fils et de l'Esprit. Nous voudrions simplement terminer ce chapitre par une prière qui peut constituer la trame de chacune de nos oraisons et qui nous introduit dans la supplication de Jésus au Père... Elle peut nous servir aussi de guide dans la récitation du chapelet. Dans la gloire, Jésus poursuit cette intercession, c'est même la seule fonction attribuée par le Nouveau Testament au Christ glorieux, hormis le jugement eschatologique. Et pour que cette prière soit désormais présente au cœur du monde et de l'homme, il prie son Père de nous envoyer le Saint-Esprit (Jean 14,16). Que nous soyons éveillés ou endormis, que nous en ayons conscience ou non, le Saint-Esprit prie en nous avec des cris inexprimables. Là encore, nous recourons à Marie pour qu'elle intercède en notre faveur.

Père saint et miséricordieux, aux jours de sa chair, ton Fils Jésus t'a présenté sa supplication avec de grands cris et des larmes et tu l'as exaucé en raison de son obéissance. Aujourd'hui encore qu'il est dans la gloire, il continue à intercéder inlassablement pour nous et nous enjoint d'unir notre intercession à la sienne, en priant sans cesse et sans nous lasser.

En son Nom, nous te demandons d'envoyer dans nos cœurs le don de l'Esprit-Saint, afin qu'il prie en nous avec des gémissements ineffables. Nous confions cette demande à Marie, Mère de Jésus. Quand les Apôtres attendaient l'Esprit-Saint au Cénacle, elle a joint sa supplication à celle des disciples en prière, devenant ainsi le modèle de l'Eglise en prière. Qu'elle intercède pour nous maintenant et toujours. AMEN.

3

MARIE, NOTRE ÉDUCATRICE

En même temps que la dévotion totale à la Vierge, le Père Vayssière parle d'un abandon total entre ses mains. La dévotion vise notre prière à Marie, tandis que l'abandon évoque ce qui fut la loi fondamentale de la vie de Marie, son obéissance de la foi qui correspond à ce qu'elle dit à l'Ange : *Qu'il me soit fait selon ta Parole* (Luc 1,38). Nous touchons ici à un aspect fondamental de notre relation à Marie qui échappe à la plupart de ceux qui la prient de temps en temps, mais qui devient de plus en plus évident pour ceux qui sont entièrement consacrés à elle.

C'est ce qui m'a le plus frappé dans la vie des grands dévots de Marie, et que nous pouvons expérimenter à notre petite place lorsque nous l'avons vraiment prise chez nous, comme notre Mère, selon le conseil de Jésus à saint Jean (Jean 19,27). C'est vraiment une initiation au renoncement à notre volonté propre pour nous abandonner à tout moment à la volonté de Dieu.

Je ne crains pas d'avouer que ce fut un grand étonnement pour moi quand je fis cette expérience. Je vis avec effroi et bonheur combien elle intervenait dans tous les secteurs de notre vie pour nous guider. Je crois qu'elle intervient encore plus dans les détails minimes de notre existence que dans les grands événements où la volonté de Dieu vient à nous par les commandements et les conseils.

C'est au détour d'une conversation avec un jeune que j'eus le soupçon de cette intervention délicate de Marie. Il me disait qu'il s'était totalement consacré à la Vierge — il était à une année du sacerdoce — et il ajoutait cette confidence, sans même s'en rendre compte : « La Vierge m'avertit chaque fois que je vais être tenté pour m'inviter à prier. » Il me disait cela avec un naturel qui ne permettait pas de douter que c'était vrai et que cela allait de soi pour lui. Son humilité plaidait en faveur de ses paroles.

Peu à peu, je compris que c'était vrai et que Marie intervenait réellement pour faire notre éducation spirituelle. C'est un peu comme si elle reprenait un par un les événements de notre vie, surtout les plus minimes, pour nous montrer comment nous avons obéi ou désobéi aux douces suggestions de l'Esprit qui murmure dans notre cœur la volonté de Dieu. On comprend qu'elle agisse ainsi avec nous puisqu'elle agissait de cette manière pour découvrir ce que Dieu attendait d'elle. Il est dit à deux reprises dans l'évangile de Luc : *Quant à Marie, elle retenait tous ces événements et les méditait dans son cœur* (Luc 2,19 et 51). Sous la douce pression de l'Esprit, elle nous montre ce que Dieu fait en nous et que nous défaisons souvent ou du moins contrarions. Elle nous suggère de petites choses à faire, surtout au niveau du renoncement, parce que nous ne sommes pas capables d'en faire de grandes.

Surtout, elle nous fait découvrir toutes nos infidélités et nos péchés. Nous disions plus haut qu'elle est le miroir de la sainteté de Dieu et le filtre de toutes les hérésies. Parce qu'elle était la Toute-Pure, l'Immaculée, Dieu a pu se refléter en elle. Quand nous nous regardons à travers son visage, nous voyons les moindres déformations et les taches qui souillent le nôtre et elle s'empresse de nous inviter à la conversion, pour que Dieu puisse à son tour se refléter en nous. C'est ce que j'appelle faire un pacte avec la vérité, c'est-à-dire avouer qu'entre Dieu et nous, il y a des obstacles que nous ne connaissons pas et qui gênent son action en nous. On prie alors la Vierge d'intercéder pour nous, pécheurs, et l'Esprit-Saint peut faire la vérité en nous.

Je dirai la même chose pour les blessures du péché en nous, et même pour toutes les autres blessures qui viennent de notre éducation, de notre hérédité, voire de nos expériences malheureuses. Elle nous les rappelle, nous les fait reconnaître et en même temps, elle nous apprend la prière d'intercession pour que la racine impure qui alimentait la souffrance de ces blessures s'estompe en nous et même disparaisse. Ces blessures du péché deviennent alors des blessures d'amour, et elles sont cautérisées par le feu de l'Esprit, dans l'intercession de Marie.

Elle agit de même pour nous apprendre à découvrir notre vrai visage en Dieu, notre nom propre et la vocation que Dieu a inscrite dans notre humanité. Elle nous montre même que nos blessures secrètes, inavouables aux hommes, et sources de faiblesse, même de péché, sont l'envers d'une réalité infiniment plus belle et qui est notre richesse. Quand personne ne nous comprend, c'est vers Marie que nous devons aller nous réfugier pour recevoir la consolation de l'Esprit.

C'est toujours par la prière d'intercession et uniquement par la prière que nous recevons la grâce de la guérison. Mais en passant par Marie, nous recevons encore une grâce plus magnifique, car elle a l'art de faire de nous des hommes et des femmes uniquement consacrés à la prière. Nous avions tort de soupçonner Dieu de nous tromper car nos maladies et nos blessures sont des chances qu'il nous offre pour faire de nous des prières vivantes. Quand je regarde ma vie et toutes les épreuves traversées, je me dis souvent : « Je ne saurais rien de la prière et surtout de la supplication si je n'avais pas connu ma saison d'enfer. »

C'est aussi à partir de notre vie qu'elle nous éduque à la prière. Nous avons évoqué plus haut la prière trinitaire, dans laquelle nous sommes introduits par l'intercession de Marie. Il y a aussi une prière, plus humble mais tout aussi réelle, qu'elle nous apprend à partir des événements de notre vie, de telle sorte que rien ne lui est étranger et que nous pouvons lui parler de toutes nos joies et nos peines, nos rencontres et nos soucis. Nous ne sortirons jamais d'une prière à Marie sans avoir reçu d'elle une parole, si nous savons l'écouter. Elle a l'art de dévoiler les choses cachées et secrètes, mais en même temps, elle les revêt de la douceur de sa miséricorde. Quand elle soigne une plaie, elle le fait avec tant de délicatesse et de douceur qu'on sent à peine que sa main nous effleure.

Il est intéressant, en terminant, de voir comment la Vierge éduquait Catherine Labouré à la prière. Elle a dit elle-même comment elle s'y prenait à l'oraison, d'une manière simple, à la portée de tous : *Lorsque je vais à la chapelle, je me mets là devant le Bon Dieu et je lui dis : « Seigneur, me voici, donnez-moi ce que vous voulez. » S'il me donne quelque chose, je suis bien contente et je le remercie. S'il ne me donne rien, je le remercie encore, parce que je n'en mérite pas davantage. Et puis je lui dis alors tout ce qui me vient dans l'esprit : je lui raconte mes peines et mes joies et j'écoute. Si vous l'écoutez, il vous parlera aussi, car, avec le Bon Dieu, il faut dire et écouter. Il parle toujours quand on y va bonnement et simplement.*

Quand un homme s'est totalement abandonné à la volonté de Dieu, comme l'a fait la Vierge et comme l'ont fait tous ceux qui, à sa suite, se sont consacrés à elle, le Seigneur lui-même commence à le guider. L'âme est alors directement instruite par Dieu, tandis qu'autrefois elle l'était par des maîtres et par l'Ecriture. La Vierge nous prend vraiment par la main, comme le fait un maître d'école pour son élève, et nous montre instant après instant ce que le Père attend de nous. Là se trouvent la vraie paix, la joie et la liberté.

4

DE LA PRIÈRE DE JÉSUS AU CHAPELET

Pour approcher ce mystère de Marie dans notre relation à Dieu, nous privilégions toujours le témoignage par rapport à la théorie, car il rend mieux compte de la vie réelle. Le propos de cette recherche n'étant pas de faire un exposé de théologie mariale (1), mais de nous aider concrètement à prier le chapelet pour parvenir au but même de la vie chrétienne qui est la prière incessante : *Il faut toujours prier et ne jamais se lasser* (Luc 18,1). D'une manière plus précise encore, et à l'intérieur de cette prière continuelle, nous voudrions montrer comment l'intercession, ou mieux encore la supplication, est le sommet ou le cœur de la prière chrétienne. L'invocation du nom du Père est au terme de la prière, comme ce qui constitue le cœur de notre relation à Dieu, mais elle est aussi à l'origine, comme ce qui ouvre la porte à toutes les autres formes de prière. Il suffit de parler de l'intercession à des chrétiens qui ont commencé à prier pour qu'ils trouvent définitivement leur forme de prière, dans une grande unification de toute leur vie.

Le témoignage que nous vous livrons maintenant est extrait d'une lettre d'un prêtre missionnaire au Maroc. C'est un homme qui est travaillé depuis des années par le désir de la prière continuelle avec la prière de Jésus ; à l'occasion

(1) Nous l'avons fait dans notre travail *En prière avec Marie, Mère de Jésus.*

d'une retraite, il y a deux ans, l'Esprit-Saint l'a initié au mystère de l'intercession. J'ajouterai qu'il aime beaucoup la Vierge et qu'à sa dernière retraite il a renouvelé sa consécration à Marie, dans la ligne du Père Kolbe. Voilà ce qu'il m'écrivait il y a un mois :

C'est depuis cette retraite que je sens qu'il me faut prendre le « Je vous salue, Marie » comme prière monologique (2) pour prier sans cesse. J'ai eu l'intuition qu'il me fallait répéter la seconde partie de la prière. Ce n'est qu'en rentrant ici que j'ai regardé votre livre sur Marie, le chapitre sur « le Refuge des pécheurs », ce qui m'a permis de voir plus clair. Alors suis-je sur la bonne route ? Ai-je assez pratiqué la prière de Jésus ? Dois-je l'abandonner pour le « Je vous salue, Marie » ? ou bien la dire encore après m'être mis dans la prière de Marie ? Pour cette prière permanente, je sens que je dois me fixer à une formule.

Et il ajoute qu'il est surtout attiré par la seconde partie de l'Ave Maria : *Sainte Marie, Mère de Dieu, priez pour nous, pauvres pécheurs.* Il continue : *Suis-je assez prêt pour adopter en permanence le Rosaire ? Je le souhaite et le désire. J'attends vraiment une lumière et une confirmation de votre part.*

Mais ce qui me semble être le critère décisif qui lui permette de venir à bout de toutes ses hésitations, c'est l'appel profond qu'il ressent en lui d'unifier toute sa vie de prière autour du *Je vous salue, Marie,* surtout durant ses temps

(2) Ce terme un peu technique vient de la spiritualité orientale (en grec, mono : seul, logos : parole). Il s'agit pour l'orant de choisir une seule parole et de s'y tenir, comme soutien de la prière continuelle.

d'oraison : *Je ressens fort le besoin d'unifier toute ma prière, en ce moment j'essaie de rester avec le Rosaire pendant mon temps d'oraison, et le « Je vous salue, Marie » le reste de la journée.*

Au fond, il tire lui-même la conclusion et répond d'avance aux questions qu'il se pose, preuve que l'Esprit-Saint le mène par le dedans pour l'éduquer, quand il dit en terminant : *Je crois avoir bien saisi que l'Ave Maria, c'est la même chose que la prière de Jésus, c'est la même démarche, avec en plus, que nous remettons cette dernière prière entre les mains de la Vierge ; ne serait-ce pas la grâce de l'Occident, son charisme, son privilège ? Les intuitions de Grignion de Montfort et du Père Kolbe ne sont-elles pas des dons pour nous en Occident ? L'Orient a la prière de Jésus et nous, celle de Marie.*

Je crois que tout est dit là, dans cette lettre, très simplement ! Ce n'est pas le lieu de développer ici la théologie spirituelle sous-jacente à la prière de Jésus (3), mais il faut peut-être noter quelques convergences entre cette prière et l'*Ave Maria,* d'autant plus que nous connaissons en Occident aujourd'hui un authentique renouveau de la prière, que le pape se plaît à souligner dans son encyclique sur le Saint-Esprit (4). Et en ce domaine du renouveau de la prière, personne ne peut nier la place que tient chez nous l'apport de la Tradition orientale, en particulier le merveilleux petit livre *Récits d'un pèlerin russe.*

---

(3) Nous l'avons fait dans notre petit livre *La prière du cœur*. Et il y a en ce domaine, aujourd'hui, une littérature abondante et fort bien faite.
(4) *Dominum et Vivificantem,* n° 65. Ed. Médiaspaul, p. 129.

Pour beaucoup de chrétiens occidentaux, ce livre eut un effet de révélateur, surtout chez les religieux et les prêtres. Ils portaient en eux ce désir de la prière continuelle, et soudain ils ont été mis au contact d'un homme qui vivait cela, avec le moyen très simple de la prière de Jésus : *Jésus, Fils de Dieu Sauveur, prends pitié de moi, pécheur.* On passait de la théorie abstraite sur la prière continuelle à la pratique concrète et très simple de cette prière, à la portée de tout un chacun.

Je connais beaucoup d'hommes et de femmes qui ont mis la prière de Jésus à la base de leur vie de prière et qui en vivent intégralement. Et ils n'ont pas tardé à en découvrir les effets dans leur vie spirituelle. Parmi eux, certains avaient été initiés au chapelet, soit par leur éducation dans une famille chrétienne, soit dans un séminaire, soit dans un noviciat ; mais ils s'étaient empressés de l'oublier, comme une pratique désuète. Des raisons plus profondes avaient milité en faveur de l'abandon du chapelet.

D'abord la crainte d'une prière mécanique et machinale, au profit de l'oraison, envisagée comme une forme de prière plus vraie. Il faut reconnaître aussi l'impression de surcharge et de dispersion, lorsqu'on doit classer le chapelet dans l'ensemble des formes de prière déjà nombreuses : eucharistie, office, oraison, visite au Saint-Sacrement, *lectio divina,* etc. La surcharge engendre souvent la lassitude et la dispersion, alors qu'une des grandes lois de la vie spirituelle demeure toujours l'unification de la prière et de la vie.

Mais nous ne voulons pas nous étendre sur ces réactions d'abandon, d'autant plus qu'aujourd'hui il y a une redécouverte du chapelet, comme notre missionnaire le soulignait plus haut dans sa lettre. Et on peut dire que la prière de Jésus a permis de redécouvrir le Rosaire. Le but de la prière de Jésus est d'unifier toute notre prière autour du Nom de Jésus, c'est-à-dire de sa personne. Le grand effet de cette pratique est bien sûr la découverte de la prière du cœur. Peu à peu, ceux qui pratiquent la prière de Jésus ont ressenti, comme les Pères le décrivent, un murmure de prière au fond de leur cœur ; ils ont expérimenté, comme nous le disions au chapitre 2, « la grâce de la prière », et ils ont ressenti avec tout leur être, et d'abord avec leur cœur et leur corps, que le Saint-Esprit priait en eux avec des cris inexprimables.

Si on regarde de plus près le chapelet, on voit qu'il est en Occident l'équivalent de la prière de Jésus, la voie de pauvreté et d'humilité dont nous avons besoin pour parvenir à cet engloutissement de la prière incessante. « Pour parvenir à ce sommet, dit le Père Molinié, le Rosaire est une des voies les plus rapides, précisément parce que c'est la plus bête, celle qui ne prétend pas à des sommets contemplatifs dangereusement séduisants pour notre orgueil. »

Et nous revenons à cette loi énoncée au début : plus nous aspirons à la prière continuelle de l'Esprit en nous, et plus nous devons nous en tenir au niveau des moyens concrets à une prière simple, une brève parole répétée sans cesse, pour que nous n'interposions pas entre le fond de notre cœur et l'Esprit-Saint qui veut prier en nous le manchon isolateur de nos idées et de nos pensées.

La répétition inlassable du chapelet peut paraître un abêtissement au sens déplorable du terme, si l'on récite cette prière dans l'intention étroite d'être en règle, mais cela peut être aussi au sens magnifique de ce mot, s'il s'agit d'user notre regard à force de scruter à l'horizon celui qui vient : le Christ. Dans cette perspective, on n'est plus le même au terme d'un chapelet — qu'il s'agisse de la récitation de la prière de Jésus ou du *Je vous salue, Marie* — qu'au début ; on est un peu plus épuisé, un peu plus pauvre et donc un peu plus proche de la capitulation définitive du pécheur face à la miséricorde.

Car c'est à ce point ultime de la découverte de notre être pécheur et du recours à la miséricorde qu'il y a une vraie convergence entre la prière de Jésus et le *Je vous salue, Marie* ; le reste étant une bataille de détails techniques sans importance. C'est ce que nous allons regarder maintenant. Mais retenons la conclusion de la lettre : le désir d'unifier toute la vie de prière, aussi bien les heures d'oraison que la prière diffuse tout au long de la journée, autour de l'*Ave Maria*.

5

IMPLORER LA MISÉRICORDE DE JÉSUS

Je voudrais en arriver maintenant au cœur même de la prière de Jésus et du chapelet : c'est ce que j'appellerai le niveau profond de la prière du cœur. A ce sujet, il est souvent question de détails techniques ou de méthodes, et on se situe surtout au niveau du « faire » et de la pratique ; mais on ne soupçonne pas qu'il y a quelque chose de plus profond et d'identique aux deux formes de prière ; et si ce « quelque chose » manque, il n'y a pas de prière continuelle dans un cas, ni dans l'autre. On rencontre ainsi des gens qui multiplient les chapelets ou disent souvent la prière de Jésus, et qui ne sont pas des hommes de prière parce que leur cœur n'est pas habité par un désir lancinant et persévérant de supplication et d'intercession. Ils prient mais ils ne crient pas, ils s'inclinent mais ne sont pas à genoux, ils font de l'oraison ou de la méditation mais surtout ils ne supplient pas. Pour eux, la porte de la prière reste définitivement fermée et ils ne seront jamais initiés au secret de la supplication. Par contre, il y en a d'autres qui prient un quart de seconde par heure, mais qui sont sans cesse en état de supplication au fond de leur cœur où ils en ont le désir lancinant : ce sont eux les véritables hommes de prière. Mais nous reviendrons longuement sur la supplication dans un des chapitres suivants.

Revenons à ce qui fait le fond du chapelet et de la prière de Jésus. Le P. Irénée Hausherr a bien défini les particularités de cette dernière quand il dit qu'elle est destinée à être répétée fréquemment, qu'elle s'adresse au Christ, et qu'elle implore sa miséricorde en nommant le priant pécheur. Et il ajoute que c'est une activité cachée et un moyen pour arriver au but de toute vie intérieure : l'union à Dieu par la prière continuelle (de ces divers éléments, c'est le dernier qui donne leur sens à tous les autres) (1).

Si l'on veut bien regarder de plus près le *Je vous salue, Marie,* on retrouvera à peu près la même structure et les mêmes particularités, avec la seule différence, comme le dit l'auteur de la lettre, *qu'on remet cette prière entre les mains de la Vierge.* Mais le mouvement profond est le même : il y a d'abord l'affirmation de Jésus, le Fils du Père (Jésus le fruit de vos entrailles est béni), ensuite il y a l'affirmation que le priant est un pécheur qui implore la miséricorde de Dieu puisqu'il dit : « Sainte Marie, Mère de Dieu, priez pour nous, pauvres pécheurs. » Et enfin, l'*Ave Maria* est destiné à être répété fréquemment puisqu'on le dit cent cinquante fois dans le Rosaire et même tout au long de la journée, au fil des tentations, des rencontres et des événements. Et le but ultime est bien de parvenir à l'engloutissement de la prière continuelle.

Mais l'essentiel dans les deux cas est de faire l'expérience de la miséricorde à partir de notre condition de pécheurs. Beaucoup d'hommes souhaitent la prière continuelle, mais ne soupçonnent pas à quel point celle-ci n'est possible qu'à partir d'une profonde conversion du cœur. Quand l'Esprit-

(1) Irénée Hausherr S. J. *Noms du Christ et voies d'oraison.* Orientalia Christiana Analecta 157, p. 125.

Saint veut faire le don de la prière continuelle à un homme, il ne commence pas par illuminer son intelligence, ni par lui donner des sentiments et des émotions dans son affectivité, et encore moins des qualités morales exceptionnelles ; mais il commence par lui briser le cœur, de telle sorte que la première lueur que nous avons sur lui est une prise de conscience de notre condition de pécheur face à sa sainteté.

Répéter à longueur de journée : « Jésus, prends pitié de moi, pécheur », ou « Sainte Marie, priez pour nous, pécheurs », produit son effet dans notre cœur, et on comprend alors expérimentalement ce que c'est que d'être pécheur. La prière de Jésus comme le chapelet constitue un chemin de conversion et d'appauvrissement qui mène au cœur brisé et à l'enfance spirituelle.

Au fond, la prière de Jésus nous fait expérimenter la rencontre de Jésus Sauveur qui est un feu dévorant. Jusque-là, on était surtout dévoré par la fièvre de l'amour du Christ ou de la prière, qui est une faim et une soif d'intensité. Mais quand on a vraiment rencontré le Christ, on comprend que c'est le feu du Buisson Ardent et que c'est trop fort pour nous. On peut avoir faim et soif de l'Amour du Christ, mais l'Amour Infini nous dépasse tellement que l'on est un peu écrasé par lui, comme Moïse se voila le visage à l'Horeb, de crainte que son regard ne se fixât sur Dieu.

Mais il faut tout de suite préciser que si nous parlons de feu pour désigner cette expérience du Christ, du côté de l'homme, elle n'est pas tellement ressentie comme un feu, mais plutôt comme une combustion de tout son être, qui fait surtout apparaître les scories, les duretés, les nœuds, c'est-à-dire le péché. Saint Jean de la Croix dit que le feu qui consume la bûche la fait grésiller à cause de l'humidité et de la résistance du bois. C'est l'expérience d'Isaïe qui, après avoir vu la gloire de Yahvé, s'écrie : *Malheur à moi, je suis un homme pécheur* (Is 6,4), ou l'expérience de Pierre après la pêche miraculeuse. Paradoxalement, la prière de Jésus, avant de nous faire découvrir la douceur de l'amitié du Christ, va d'abord transpercer notre cœur et nous en faire découvrir la dureté. Exactement comme la récitation prolongée du chapelet nous réduit à notre plus simple expression et nous fait atteindre le fond de notre pauvreté.

6

DE JÉSUS A MARIE

Quand un homme a longuement pratiqué la prière de Jésus et expérimenté sa condition de pécheur, il découvre la nécessité d'un refuge. C'est la fuite ou le refuge, disent les Pères. A ce moment-là, on découvre Marie, Refuge des pécheurs : *Nous nous réfugions sous l'abri de votre miséricorde, sainte Mère de Dieu.* Et on comprend alors que notre missionnaire découvre le *Je vous salue, Marie,* et surtout la seconde partie de la prière : « Sainte Marie, Mère de Dieu, priez pour nous, pécheurs. » Il comprend que Marie, la Toute-Pure et l'Immaculée, est sa meilleure avocate pour obtenir grâce auprès de Jésus, le fruit béni de son sein (*Salve Regina*).

Pour devenir un pécheur agréable au cœur de Dieu, il faut trouver refuge auprès de la Sainte Vierge. Pour comprendre cela, il faut l'aide du Saint-Esprit — « une grâce inspirée par le Saint-Esprit», dit le Père Vayssière. A Marie est confié tout l'ordre de la miséricorde (P. Kolbe) et elle intercède pour les pécheurs. Elle nous apprend surtout à être un pécheur agréable à Dieu, qui attire sa miséricorde, non pas en péchant davantage, ce qui serait le comble, en se moquant de Dieu, mais justement en évitant de pécher ; car elle est la première des créatures à avoir le cœur brisé, sans avoir péché, pour la raison très simple qu'elle sait ce qu'est le péché, pour avoir vu son Fils mourir en croix à cause du péché. Elle est la première créature pardonnée puisqu'elle a été préservée, ce qui est le comble du pardon.

La Vierge est au terme d'un chemin qui part pour nous du cœur brisé de repentir. Dans l'expérience du péché, elle nous inspire la confiance en la miséricorde du Père, car elle connaît bien le cœur de Dieu pour avoir été l'objet de son Amour miséricordieux. Se présenter à Dieu comme un pécheur, parce qu'on connaît le cœur de Dieu, c'est un mouvement dont la Vierge a le secret.

Seul l'Esprit-Saint peut nous faire sentir le secret du cœur de la Vierge. C'est cela avancer dans le chemin marial qui brise le cœur. Si nous comprenions que Marie est le plus court chemin de conversion, nous ne dépenserions pas les neuf dixièmes de notre énergie à vouloir briser notre cœur par nous-mêmes et nous passerions par elle en disant : « Priez pour nous, pauvres pécheurs. » C'est là que le chapelet prend le relais de la prière de Jésus.

Si vous faites cela, attendez-vous à découvrir un peu plus que vous êtes un pécheur, au cœur dur. Marie nous apprend aussi combien nous sommes « pécheurs » dans notre désir de sainteté. C'est elle qui nous protégera des dangers du péché, qui sont réels, et des dangers de la vertu, qui sont aussi funestes. Et quand la vertu commencera à grandir en nous, elle s'empressera de nous montrer combien nous sommes pécheurs dans notre désir de sainteté.

C'est pourquoi il m'arrive souvent de dire que l'intense prière à la Vierge est utile à deux catégories de personnes : les grands pécheurs et les grands saints. Ces hommes-là doivent porter la Médaille miraculeuse comme signe d'attachement à Marie. Les grands saints voudraient s'envoler vers Dieu, mais ils sont retenus par un fil, c'est la Vierge qui les libérera de ce fil, si ténu soit-il ! Tandis que les pécheurs sont retenus par des chaînes qui les ligotent et les empêchent d'aller vers Dieu : c'est la Vierge qui brisera ces chaînes et leur ouvrira la porte du Royaume qui est le Christ. A nous de voir à quelle catégorie nous appartenons : nous oscillons sûrement entre les pécheurs et les saints, et c'est pourquoi nous avons besoin de prier la Vierge.

DU FEU DE JÉSUS A L'HUMILITÉ DE MARIE

En un certain sens, après avoir désiré le feu du Christ, on aspire à un circuit de réfrigération : « Tu as été complètement fou de désirer le feu, maintenant je vais t'apprendre à désirer la fraîcheur et l'humilité. Si tu ne désires pas la fraîcheur de l'humilité de Marie, tu ne pourras pas supporter le feu que Jésus est venu apporter sur la terre. » Ce désir de l'humilité est la seconde conversion, la première étant de désirer le Christ. On comprend maintenant que la porte est fermée et que c'est dangereux d'y entrer si on ne porte pas une combinaison ignifugée pour se promener à l'intérieur du soleil.

Pour entrer en Dieu, il faut porter avec soi son circuit de réfrigération, de douceur, d'humilité, d'allégresse, de naïveté, de sécurité et d'enfance, presque infinies, qui pousse à faire face à l'intensité infinie de Dieu pour ne pas être dévoré par lui. A ce moment-là, la seconde conversion, c'est de dire : « Il ne faut pas avoir faim et soif du feu, mais de l'eau, de la douceur et de l'humilité. » Il faut chercher à disparaître dans le silence et l'effacement. C'est ainsi qu'on entre sous le chapiteau. Pendant la parade, on est attiré par le feu et la lumière, et quand on comprend cela, on cherche un laissez-passer pour circuler dans la maison de Dieu.

Comme le dit le Christ : *Il faut être un enfant pour entrer dans le Royaume* ou on en meurt, si on n'est pas entouré d'eau et d'humilité. Avez-vous remarqué que Jésus ne répond pas à Nicodème quand celui-ci lui demande : *Comment faire pour redevenir un enfant ?* Mais Jésus lui répond sur la croix. Saint Jean note que Nicodème était dans les parages du Calvaire (Jean 19,39). Il a donc entendu la parole de Jésus à Jean : *Voici ta mère...,* dans le sein de laquelle tu dois rentrer pour redevenir un enfant ! Alors, on a besoin de la Vierge Marie, Refuge des pécheurs, et on a aussi besoin de l'Eglise qui donne les consignes de sécurité. On finit par avoir faim et soif de la Vierge qui nous donne cette sécurité plus que la soif du Buisson Ardent.

C'est à ce niveau profond du cœur où la fascination du Christ nous achemine doucement vers la prière à Marie, Refuge des pécheurs, qu'il faut comprendre ce que dit notre missionnaire dans sa lettre, lorsqu'il se sent appelé à prendre la seconde partie de l'*Ave Maria* comme prière monologique, pour prier sans cesse. Il est vraiment sur la bonne route, c'est-à-dire sur le chemin qui mène de Jésus à la Vierge. Et nous touchons ici à une loi fondamentale qui remet en place une vraie dévotion mariale, par rapport au Christ. Certains pensent à tort que l'attachement à Marie enlève quelque chose à notre amour du Christ. Il n'en est rien et il vaut mieux dire que l'on va à Marie par Jésus, qu'à Jésus par Marie. On ne peut pas parler de la Sainte Vierge à quelqu'un qui n'a pas soif du Christ, autrement cela devient de la guimauve ! Un circuit de réfrigération sans feu, voilà ce qu'est la Vierge pour beaucoup de gens.

Maintenant, nous allons entrer dans l'attitude qui sous-tend toute notre recherche à propos du chapelet, c'est-à-dire la supplication. C'est l'aspect fondamental et le plus important de notre travail, aspect qui est déjà présent dans le chapitre précédent. La supplication n'est pas seulement une forme de prière parmi d'autres, à laquelle on pourrait ajouter la louange, la bénédiction ou l'adoration, c'est la condition même et la racine de toute relation de l'homme à Dieu. Sans supplication, on peut prier vingt-quatre heures sur vingt-quatre, participer à l'Eucharistie, dire l'office, le chapelet ou la prière de Jésus, en fait il n'y a pas de prière ! Que Marie, la Mère de la prière continuelle, nous initie au mystère de la supplication.

7

LA SUPPLICATION

Je n'oserais jamais écrire ce que je vais dire maintenant de la supplication s'il n'y avait pas la révélation de Jésus dans l'Evangile. Quand j'ai commencé à être attiré par la prière, j'ai recopié sur les pages de garde de mon psautier les passages de l'Evangile qui allumaient en moi le feu de la prière : *L'ami importun* (Luc 11,5-13), *La veuve importune* (Luc 18,1-8), les grands textes de saint Jean (14,13-17 ; 16,23-25), avec le plus impressionnant : *Jusqu'à présent, vous n'avez rien demandé* ; et ce que dit saint Jacques de la supplication fervente du juste (5,13-18). Il y en a bien d'autres sur la puissance de la foi et de la prière (Luc 17,5-6 ; Mat 17,19-20 ; Marc 9,29 ; Mat 21,21-22 ; Marc 11,22-24). Et quand il m'a fallu trouver une image illustrant tous ces textes, je n'ai rien trouvé de mieux que « les deux mains jointes » du Curé d'Ars, avec cette parole : *L'homme est un pauvre qui a besoin de tout demander à Dieu.*

Et cela m'a amené à réfléchir à ce que dit Jésus de la prière dans l'Evangile. Quand on regarde les grands textes, les chapitres 6 de saint Matthieu, 11 de saint Luc, et ceux que nous venons de citer plus haut, il semble bien que deux choses soient évidentes :

- D'abord le priant se met sous le regard du Père qui voit dans le secret et qui sait ce dont nous avons besoin avant que nous le lui demandions (Mat 6,5-15). Vient alors le don du *Notre Père* qui est d'abord une invocation du Nom du Père : l'homme qui prie le *Pater* se met à supplier le Père.

- Ensuite tous les textes cités au début, où le Christ conseille au priant de demander, de chercher et de frapper. Il faut prier sans cesse et ne jamais se décourager (Luc 18,1). L'accent est mis ici sur l'insistance, la persévérance, voire l'importunité. Il est inutile d'insister sur ce caractère tellement il est évident.

C'est là qu'est née en moi la conviction indéracinable que toute forme de prière suppose et implique comme condition fondamentale la supplication. C'est là qu'est née aussi une manie de sourcier qui est mienne de sentir face à moi-même et aux autres, à mon insu et de manière inconsciente, si j'ai affaire à quelqu'un qui est à genoux ou qui ne l'est pas. Et c'est une des raisons pour lesquelles je suis incapable de parler ou de répondre aux questions de quelqu'un qui ne prie pas.

C'est grave de se mettre à genoux : c'est plus extraordinaire que la résurrection d'un mort, dit saint Thomas, et c'est encore plus grave de refuser de prier. L'impossibilité de supplier nous condamne parce que c'est le fruit d'une attitude prise dans notre vie et qu'il y a en nous quelqu'un qui conteste et qui dit « non » à la supplication. Celui qui est à genoux espère et désire. Dans la vie spirituelle, il n'y a pas d'autre résolution pratique et j'ai appris qu'il y a des situations où je suis incapable de donner d'autres conseils que la supplication.

Si quelqu'un me dit : « Je ne peux pas aimer, pardonner, et être chaste », je lui dis : « Suppliez. » Et s'il me dit qu'il ne peut pas supplier, alors cette impossibilité le condamne. Quelqu'un a dit un jour à un prêtre qui lui conseillait la supplication, alors qu'il était dans une situation inextricable où il n'y avait aucune issue au plan humain :« Vous ne comprenez pas qu'en me disant cela, vous me désespérez plus que jamais, car c'est précisément ce que je ne sais pas faire. Et mon désespoir est là. » Quand on en est là, il ne reste plus qu'à demander à un autre de supplier pour nous, le fait d'accomplir cette démarche auprès d'un prêtre ou d'un monastère est déjà le premier pas d'une libération par la prière.

Mais il y a plus subtil encore : c'est la situation de celui qui ne veut pas supplier parce qu'il pressent qu'en suppliant, quelque chose va se débloquer dans sa situation et qu'inconsciemment il le refuse. On peut ne pas avoir suffisamment de volonté pour repousser une tentation, mais on peut toujours se mettre à genoux pour dire : « Seigneur Jésus, prends pitié de moi. » Le prêtre dont il est question plus haut conseillait à celui qui n'aimait pas supplier de prier à plat ventre dans le secret. Ce n'est pas une affaire de prouesse physique mais de fatigue morale. Une telle prière, aussi brève soit-elle, produit une véritable déflagration. Il y a là un véritable tournant dans la vie spirituelle et celui qui adhère à cela est délivré métaphysiquement.

La résolution de supplier est beaucoup plus importante que le reste. Même à ceux qui font de la méditation contemplative ou de la concentration, le Christ peut dire à tout moment : « Tu n'as encore rien demandé en mon nom. Tu ne sais pas encore demander. » Il y a des gens qui font de belles méditations et ne supplient pas. Saint Alphonse de Liguori disait que dans l'oraison, la supplication (*obsecratio*) était la chose la plus importante. Passer de l'un à l'autre est beaucoup plus difficile qu'on ne le soupçonne. Il peut arriver qu'il y ait des religieux et des chrétiens qui n'aient jamais rien demandé, qui ne savent même pas ce que c'est et qui s'évertuent à dire « Merci » avant d'avoir dit « encore ». Je l'ai maintes fois constaté dans les groupes de prière ! C'est plus mystérieux et plus rare qu'on ne le pense. Une fois, quelqu'un a entendu dans la prière la parole de Jésus : *Tu n'as encore rien demandé,* et il a compris qu'il voulait obtenir par ses efforts ce qu'il ne voulait pas demander. Supplier, c'est attendre comme un mendiant qu'on veuille bien nous donner, sans aucun mérite de notre part.

Pour comprendre que la supplication est au cœur de la prière, il suffit de voir comment les choses se passent sur le simple plan de nos relations humaines. L'école de la supplication est mystérieuse et fascinante parce qu'elle se heurte en nous à une épaisseur de refus et de mutisme : ce sont les problèmes de communication tellement à la mode aujourd'hui. Quand il y a un problème de relations entre mari et femme ou entre les membres d'un groupe, il faut que l'un des partenaires sorte de lui-même et aille vers l'autre pour lui dire : « S'il te plaît ! »

Il en va de même dans la prière : c'est dans la supplication que se résolvent tous les problèmes de communication entre Dieu et nous. Il faut tendre la main pour sortir de soi. Tant qu'on n'a pas fait ce geste que pourront suivre bien d'autres : l'action de grâce, la louange, voire l'adoration, l'étreinte et l'union, il y a une part de nous qui discute et conteste. On dit qu'on aime, qu'on veut pardonner, être humble et chaste, mais à quelle profondeur de notre être sont engagés pour nous l'amour, le pardon, l'humilité et la chasteté ? Tandis que lorsqu'on demande (comme un avocat demande la grâce d'un condamné à mort), il n'y a plus de problème de communication, on est sorti de soi-même. Nous ne connaissons pas le fond de notre cœur, qui est double ; seule la supplication atteste et proteste que nous désirons et voulons ce que nous demandons.

C'est pourquoi ceux qui réfléchissent sur la prière, au niveau métaphysique, maintiennent qu'il n'y a pas d'autre porte de sortie que la supplication. Pour tout le reste, pour toutes les autres attitudes sociales, on n'est pas concerné à fond et on donne une part de soi, tandis que dans la supplication, si elle est vraie, on est obligé d'engager les profondeurs obscures et mystérieures de son être.

Ce qui m'amène à dire une chose que certains trouveront scandaleuse : le sommet de la perfection dans la prière et de la sainteté, c'est de savoir demander, en suppliant. Nous allons le voir au chapitre suivant à propos du Curé d'Ars et du chapelet.

8

IL EUT RECOURS A SON REFUGE ORDINAIRE

Lorsque Catherine Lassagne raconte les perplexités de saint Jean-Marie Vianney, conscrit en fuite, elle dit qu'il n'avait plus aucun recours ici-bas pour obtenir la lumière et savoir ce qu'il devait faire : *Ne sachant que faire, il eut recours à la Sainte Vierge, son refuge ordinaire ; il prit son chapelet en main et la pria avec tout son cœur et avec une grande confiance* (1). Au fond, cette formule apparaît comme un cliché dans la vie des saints : « Il recourut à son recours habituel, qui était d'appeler au secours. » Et s'il recourt habituellement au chapelet, c'est que cette forme de prière, essentiellement fondée sur une seule parole qui est un appel au secours, traduit autant que des paroles peuvent le faire, la violence et l'importunité de la demande. Comme la veuve qui insiste, il s'agit de lui « casser la tête » et de lui « rompre les oreilles ». On pourrait dire la même chose de cette autre forme de prière à la Vierge qu'est le *Souvenez-vous,* qui est aussi une confession de foi en la puissance de la prière.

Un saint, c'est justement quelqu'un qui n'a plus aucune autre solution de rechange que la supplication. Nous vou-

---

(1) CATHERINE LASSAGNE. P. M. 1, (*La confidente du Curé d'Ars,* p. 150).

lons bien demander, mais nous voulons avoir des solutions de rechange, pour le cas où la supplication ne marcherait pas. C'est justement cela qui fait que la supplication n'a pas cette force désespérée qui renverse les montagnes et les fait se précipiter dans la mer. On garde une solution de rechange et on ne se livre pas totalement dans cette prière de demande.

Il m'arrive parfois d'entendre : « Mais la sainteté, ce n'est pas la prière de demande, c'est l'Amour. La supplication, c'est une étape à dépasser ; moi, je suis dans l'Amour ! » J'ai envie de dire : « Avez-vous déjà vu un amour qui ne supplie pas ? Même l'Amour de Dieu pour nous, nous supplie. C'est l'attitude la plus divine. Veux-tu de mon amour ? Donne-moi ton amour ! » C'est Dieu qui nous aime le premier, et donc nous supplie. Et quand nous supplions, nous ne faisons que répondre à une supplication de Dieu, dit le P. Varillon.

Dieu est celui qui n'a pas peur de supplier, puisqu'il est communication et tout entier tourné vers l'autre : « Veux-tu m'écouter, me donner ton cœur, ta liberté ? » Il ne faut pas faire « la fine bouche » à propos de la supplication en disant que c'est une attitude à dépasser : on ne dépasse pas l'attitude divine. Le Père, le Fils et l'Esprit-Saint se disent « merci » et ils se demandent, sans convoitise. Il y a l'équivalent trinitaire de la demande. On ne vit pas d'amour sans se demander réciproquement l'amour l'un à l'autre. C'est le mystère même de l'amour. Même en Dieu, il y a Amour et demande réciproque de deux êtres. Si Jésus parle tant de la supplication dans l'Evangile, c'est parce qu'il voulait nous révéler le mystère trinitaire. Lui-même vit avec son Père une relation d'amour où il n'est qu'accueil et don. De tout son être, il aspire à recevoir l'Amour, il le mendie et en retour il le rend au Père. Et cet amour a une telle consistance qu'il prend le visage et le souffle d'une personne, le Saint-Esprit. On comprend que Jésus appelle l'Esprit-Saint dans l'Evangile *l'Intercesseur.* On pourrait dire qu'il est la supplication mutuelle de chacune des personnes de la Trinité. C'est pourquoi le Christ est le seul à avoir résolu le problème de la communication intratrinitaire qui est parfaite : il est totalement dans le Père et il partage avec lui tout ce qu'il a.

Ce qui ne marche pas, c'est notre communication avec Dieu parce que nous ne répondons pas à la supplication de Dieu. Se mendier l'amour a une valeur éternelle. Dieu ne nous mendie pas autre chose. Et on ne peut même pas dire qu'il mendie l'Amour puisqu'Il nous le donne. Il mendie notre misère, la seule chose qui nous appartienne et que nous puissions lui donner. C'est pourquoi l'Eglise nous demande de contempler Dieu, à Noël, sous la forme d'un enfant qui est un mendiant. Il ne veut pas nous dominer, il mendie simplement d'être aimé. Et comme nous ne l'aimons pas, nous le supplions d'avoir pitié de nous.

Ainsi nous ne dépasserons jamais la supplication et nous n'irons jamais plus loin. Au sommet de la perfection, on supplie Dieu de ne pas nous abandonner. Même dans l'éternité, on supplie Dieu et il répond « oui » à notre supplication perpétuelle.

Peut-être me direz-vous, par où commencer à supplier ? J'ai envie de dire : « Prenez le train n'importe où, n'importe comment, et justement à propos de ce qui ne va pas dans votre vie. » Si tout allait bien, je serais ennuyé et je ne pourrais pas vous donner ce conseil, mais il y a un certain espoir que tout n'aille pas très bien. Profitez d'avoir cette occasion de dire : « Seigneur, prends pitié de moi », au lieu de discuter avec Dieu ou avec vous-même.

Au début, vous le direz péniblement comme une locomotive rouillée depuis des centaines d'années et qui démarre. Notre cœur est une locomotive rouillée et durcie qui doit se mettre en route. Alors on se met à supplier et quelques années après, sous l'effet des tribulations et de la grâce, on pousse un deuxième cri qui nous rappelle quelque chose du premier. Peu importe la prière qu'on dit, du moment que c'est un cri et le *Je vous salue, Marie* exprime bien cette supplication : « Priez pour nous, pécheurs. » Et peu à peu les cris se rapprochent pour devenir une respiration permanente, celle des saints et surtout celle de la Vierge que nous allons contempler ensuite. Cette supplication peut prendre un rythme d'une rapidité qui frôle l'infini.

Il faut reconnaître qu'un moment critique de la vie spirituelle est celui où l'on s'aperçoit qu'on ne va plus pouvoir s'arrêter, parce qu'on trouve très bien de supplier de temps en temps et même souvent ; mais quand on sent que la pression de Dieu devient telle qu'on ne va plus pouvoir s'arrêter un seul instant, alors on pense qu'il y a autre chose à faire dans la vie. Et cependant il n'y a rien d'autre à faire qu'à supplier, et là intervient la grande conversion : le passage dans la gloire. C'est ce que nous demandons si souvent à Marie : « Priez pour nous...à l'heure de notre mort. »

9

MARIE, LA TOUTE-PUISSANCE SUPPLIANTE

Cette expression de « Toute-Puissance suppliante » (*omnipotens supplex*) est fréquente chez les Pères de l'Eglise et on la retrouve aussi chez saint Bernard. Des auteurs spirituels, comme le Père Molinié, comparent la prière de Marie au jeu délicat d'un artiste sur le clavier d'un grand orgue très sensible ; elle ose à peine frôler les touches de l'instrument, tellement elle redoute la puissance de la sonorité dans le vaisseau de la cathédrale. On comprend pourquoi la prière de la Vierge est si puissante et toujours exaucée, car elle-même a exaucé le désir de Dieu sur elle au cours de sa vie terrestre. Thérèse de Lisieux disait que le Seigneur exaucerait toutes ses volontés car elle avait toujours accompli la volonté divine ici-bas. C'est ce que disait le Christ : *Je sais que tu m'exauces toujours* (Jean 11,42).

Mais il est intéressant de nous demander pourquoi la Vierge a toujours dit « oui » à Dieu, tout au long de son pèlerinage terrestre, comme dit le Concile. Quand nous relisons le récit de l'Annonciation, nous sommes fascinés par cette parole qu'elle a prononcée : *Que tout se passe pour moi comme tu l'as dit* (Luc 1,38). Attitude que nous avons appelée obéissance de la foi et qu'elle a vécue à Nazareth, à Bethléem, en Egypte, à Cana, pour atteindre son point culminant au Calvaire.

Nous admirons la perfection avec laquelle Marie s'est toute donnée et consacrée à Dieu. Nous envions cela et, dans la prédication, on nous engage à vivre la même obéissance. Ou nous sommes dans l'imagerie un peu rêvassante des beautés de Marie ; ou bien si nous essayons de scruter ce que cela signifie sur le plan concret et si nous sommes un peu sincères, un certain désespoir nous guette car nous voyons la distance entre nous et Marie, entre l'Amour de Dieu et notre réponse. Nous savons si peu aimer, si peu nous donner, alors nous tirons les conclusions : cela n'est pas fait pour nous, c'est impossible. Un ami me disait un jour qu'il n'osait plus renouveler son acte de consécration à Marie, tellement il avait l'impression de la renier en permanence.

Peut-être faut-il revenir à tous les privilèges que nous admirons en Marie : son Immaculée Conception, sa Maternité divine, sa chasteté parfaite et son Assomption dans la gloire ? Tous ces dons lui ont été faits gratuitement par le Saint-Esprit, sans oublier un autre don qui est celui de la foi et donc de la prière. Nous oublions souvent que la foi et la confiance sont des dons de Dieu et qu'en même temps, nous avons le pouvoir de les demander et de les obtenir. Pour qu'un don de Dieu nous soit fait, il faut y croire et le demander. Les dons de Dieu sont gratuits, mais ne sont pas arbitraires, il faut les demander avec foi et confiance.

En d'autres termes, Marie a reçu tous ces dons, avec en plus cette clé de la supplication permanente qui fut aussi le secret de l'âme de Jésus. C'est pourquoi elle est la « Toute-Puissance suppliante ». « Toute-Puissance » parce que suppliante. Lorsqu'on parvient à supplier, avec la foi bien sûr (mais la foi elle-même est objet de supplication), on obtient tout. C'est pourquoi il faut souvent dire : *Je crois, Seigneur, mais viens au secours de mon incrédulité.* Cette prière est une supplication.

C'est pourquoi, lorsqu'on contemple en Marie cette perfection du don de soi, il faut comprendre qu'elle est liée à l'absence de difficulté de supplier. Marie a consenti à supplier car elle savait que *rien n'est impossible à Dieu* (Luc 1,39). Quand nous rencontrons des difficultés dans la vie, nous réfléchissons, nous hésitons, et nous discutons au lieu de supplier. Le fait de réfléchir à nos problèmes est souvent une fuite dans l'imaginaire, tandis que la vraie prière est toujours retour au réel. Quand Marie est dans une situation difficile, elle ne se met pas à échafauder des plans, mais elle prie. On le voit au moment de la perte de Jésus au Temple, ou à Cana ou mieux encore au Cénacle. Elle ne sait faire que cela : prier et c'est pourquoi elle continue dans la gloire à intercéder pour l'Eglise.

Et c'est parce que Marie supplie qu'elle se donne, ce n'est pas parce qu'elle se donne qu'elle supplie. Les deux se tiennent, bien sûr. Sa supplication a valeur de cadeau que Dieu attend d'elle : c'est le plus grand cadeau, c'est la plus parfaite manière de se donner. Et la supplication n'est pas vraie, n'est pas pure, si ce n'est pas une manière de se donner, elle n'est pas non plus chrétienne. Le plus beau cadeau que l'on puisse faire à ceux qu'on aime, c'est de leur dire : « Je suis dans le bourbier, au secours, ayez pitié de moi. »

Rappelez-vous la parole de ce prêtre qui conseillait à quelqu'un en difficulté desupplier, et celui-ci répondant que cette prière n'arrivait pas à sortir et lui écorchait le gosier. Quand quelqu'un ne parvient pas à supplier, il ne doit pas faire comme s'il le pouvait, mais demander pardon à Dieu de cela et lui dire : « Aie pitié de moi, parce que je ne sais pas dire : " Aie pitié de moi ". Je voudrais supplier, mais viens au secours de mon impuissance à supplier pour m'en délivrer. »

Au fond la supplication est la réponse ultime, concrète et pratique à toutes les difficultés de la vie spirituelle. On ne sort d'une difficulté que par mode de supplication (1). Autrement dit, il ne faut jamais sortir de la supplication, à moins que Dieu ne nous en sorte. La supplication est la résolution pratique suprême : c'est la prière de Jésus des Orientaux ou le chapelet des Occidentaux.

Dans le Rosaire, nous demandons à la Vierge cette science, ce secret et cette sagesse qu'on appelle la supplication. Quand on supplie dans la détresse, celle-ci se transforme en joie. Notre seul malheur, c'est de ne pas savoir supplier ; c'est un peu le malheur du péché originel qu'on pourrait définir ainsi : nous avons perdu la clé de la supplication. Et parce que cette clé a été redonnée à la Vierge, nous nous mettons à son école pour la retrouver.

Même si vous suppliez déjà, parce que Dieu a répondu à votre prière en vous redonnant cette clé, vous pourriez entendre la parole du Christ : *Vous n'avez encore rien demandé en mon nom, vous ne savez pas comment demander, ni ce qu'il faut demander. Vous n'avez pas encore commencé.* En ce domaine, il faudrait se convaincre que nous

---

(1) Saint L. M. Grignion de Montfort disait qu'on a franchi un grand pas dans la vie spirituelle, quand on sait transformer toutes ses résolutions en demandes. Au lieu de dire : « Je prends la résolution de... » on dit : « Mon Dieu, donnez-moi la grâce de... ».

n'avons pas encore commencé, quelles que soient les prières que nous avons faites, les détresses que nous avons connues, au cours desquelles des cris et des gémissements ont pu être arrachés à notre cœur de pierre.

Tout cela n'est rien à côté de ce que Dieu attend, désire et voudrait nous donner comme supplication. C'est pour cette raison qu'il y a des situations et des tribulations que Dieu voudrait nous épargner et qu'il ne nous épargne pas, car c'est la seule manière dont il peut obtenir de nous, si nous ne raisonnons pas trop, l'apprentissage de la supplication.

10

A PROPOS DU « COMMENT FAIRE ? »

Après vous avoir longuement entretenus de la supplication, il faut bien en arriver maintenant aux opérations concrètes et vous suggérer quelques pistes pour prier le chapelet. Etant bien entendu que le but du Rosaire est de nous amener à la prière continuelle du cœur, c'est-à-dire la prière incessante qui ne se confond pas avec les formules. C'est un état, nous préférons dire une expérience, car l'homme est actif dans cette situation où il ressent son cœur en état de supplication permanente. Et cette prière continuelle est compatible avec toutes les activités : *Quand l'Esprit-Saint établit sa demeure dans le cœur de l'homme,* dit Isaac le Syrien, *celui-ci ne cesse de prier, qu'il mange, boive, dorme, parle ou se livre à toutes les autres activités.*

Mais l'homme doit coopérer à cette prière de l'Esprit en lui, en offrant son temps, ses lèvres et le désir de son cœur. En même temps, l'homme doit se sentir très libre dans sa manière de coopérer. En ce domaine de la prière incessante, plus nous avançons et moins nous trouvons de chemins tracés d'avance et de guides qui nous aident à progresser. Comme le missionnaire dont nous avons cité la lettre, chacun doit sentir dans son cœur ce que l'Esprit lui suggère et se laisser éduquer par Marie.

C'est pourquoi j'ai envie de dire à ceux et à celles qui éprouvent des résistances vis-à-vis du chapelet et qui sont cependant des hommes et des femmes de prière : « Sentez-vous libres face à cette exigence quotidienne et demandez-vous : qu'est-ce qui m'aide le mieux à garder le contact avec le Christ tout au long du jour, à vivre sous le regard bienveillant du Père, dans la liberté de la prière de l'Esprit en nous ? » Pour beaucoup cette attitude sera une véritable libération et ils pourront se situer en vérité devant le chapelet, sans contrainte et cependant sans laisser-aller.

Un tel comportement nous situe au cœur de la vie de prière et met à leur juste place les moyens qu'il faut utiliser pour y parvenir. Le chapelet, la prière de Jésus, comme les autres formes de prière, n'est pas un but en soi. Mais comme nous sommes des hommes concrets, situés dans l'espace et le temps, il faut bien incarner notre prière dans des moyens et des formules, sinon notre prière n'aura pas de corps et sera évanescente.

Peu importe que nous méditions ou non, que nous ayons des distractions ou pas, la récitation lente et attentive du Rosaire nous fait entrer dans la prière même de la Vierge. Il ne s'agit pas de réfléchir ou de penser, mais de murmurer avec les lèvres une supplication en la pressant dans notre cœur : « Sainte Marie, Mère de Dieu, priez pour nous, pauvres pécheurs. »

Certains aiment dire le chapelet à la manière de la prière de Jésus, comme une invocation sans cesse répétée qui vient des profondeurs de notre cœur et qui le creuse davantage. Saint Ignace parle à propos du *Notre Père* d'une prière *ad modum rythmi,* comme sur le rythme de la respiration. Peu à peu, et à leur insu, la prière de feu de l'Esprit va s'allumer dans leur cœur. Et nous touchons là à une loi de la prière déjà énoncée ailleurs : « Plus nous sommes appelés à réaliser la prière de l'Esprit dans notre cœur et plus nous devons nous en tenir à une prière simple, peu importe qu'elle soit vocale ou mentale » (la répétition d'une seule parole).

C'est dans cette perspective de la prière continuelle du cœur que nous vous invitons à prier le Rosaire. Pour chaque mystère, un texte de méditation très bref est proposé ; il n'a pas pour but de commenter le récit évangélique mais de nous introduire dans la prière de la Vierge, surtout dans sa prière de supplication et de compassion, puisque nous sommes appelés à témoigner de la miséricorde du Père auprès de nos frères.

Chaque fois, nous avons terminé par une prière qui peut servir de « musique de fond » pour soutenir notre prière, juste le soutien nécessaire pour maintenir notre attention à Dieu. Face à ces indications, il faut se sentir très libre et choisir ce qui favorisera la prière. Certains préféreront dire le Rosaire en ne retenant qu'une ou deux paroles du *Je vous salue, Marie,* sans le secours d'une méditation, simplement en invoquant le secours de la Vierge ou en contemplant les merveilles que Dieu a opérées en elle. En ce domaine, chacun doit trouver sa manière propre de prier le Rosaire, souvent au terme de bien des tâtonnements, jusqu'au jour où *il a trouvé ce qu'il cherchait* (saint Ignace), c'est-à-dire « trouver » le contact avec la Trinité sainte.

Il faut avoir beaucoup peiné dans la vie d'oraison pour comprendre qu'on ne va pas directement à Dieu sans passer par des intermédiaires que saint Ignace appelle des « médiateurs ». Souvent, il invite le retraitant (et cela vaut pour toutes prières), au début de l'oraison, à supplier le Christ, la Vierge ou les Saints de l'introduire auprès du Père. Si vous voulez vous convaincre du bien-fondé de ce conseil, mettez-le en œuvre au début d'une heure de prière. Vous arrivez à l'oraison et vous n'arrivez pas à trouver le contact avec Dieu ; prenez alors votre chapelet pour en réciter lentement une ou deux dizaines, et très vite, vous verrez le résultat. Vous surprendrez votre cœur en « flagrant délit » de prière et vous serez introduits, à votre insu, au cœur de la Sainte Trinité, par la prière de Marie.

Certains aimeront à réciter le Rosaire ou le chapelet d'un seul trait les jours où ils disposent de temps. D'autres aimeront le dire tout au long de la journée, au fil des événements ou des visages rencontrés, ou mieux encore pour sanctifier leur travail, ou dans les moments de temps libre. Le chapelet apparaît alors comme une espèce de fil d'or qui relie tous les instants d'une vie et les unifie dans un regard uniquement porté en Jésus Christ et en sa Mère.

Ceux qui persévèrent dans cette prière, parfois austère et aride, sont sur le chemin de la prière contemplative de l'Esprit. Peu importe encore la manière de le dire, s'ils ne peuvent passer une journée sans avoir prié le chapelet, il leur arrivera un jour une grande grâce. Ils verront les cieux ouverts et Jésus assis à la droite du Père qui ne cesse d'intercéder pour ceux qui s'approchent de lui dans la confiance (Heb 7,25). Dans le même mouvement, ils seront introduits dans la prière de Marie au Cénacle qui ne cesse de demander l'Esprit pour l'Eglise, s'unissant à la prière de son Fils : *Moi, je prierai le Père ; il vous donnera un autre Paraclet (le Saint-Esprit) qui restera avec vous pour toujours* (Jean

14,16). Ces simples méditations écrites sous forme de prières et dans la prière n'ont pas d'autre but que de vous faire entrer dans la prière, à condition que vous commenciez à supplier l'Esprit-Saint pour qu'il vous fasse le don de cette prière.

INVOCATION A L'ESPRIT-SAINT

Esprit-Saint, viens au secours de notre faiblesse car nous ne savons pas prier comme il faut, mais viens prier en nous avec des gémissements inexprimables. Toi qui scrutes les profondeurs du cœur miséricordieux du Père et les profondeurs de notre propre cœur, fais-nous entendre quelques échos de tes cris ineffables, surtout fais-nous le don de la prière. Et toi, Père qui vois le fond des cœurs, Tu sais quelle est la prière de l'Esprit en nous. Tu sais aussi que le Christ intercède en notre faveur et Tu sais enfin combien leur prière correspond à tes vues. O Marie, nous tournons notre regard vers toi et te demandons d'abaisser sur nous ton regard de miséricorde. Tout au long de ce Rosaire, nous nous confions à la puissance de ta supplication, Vierge pleine de compassion et de miséricorde.

11

LE ROSAIRE

LES MYSTÈRES JOYEUX

1er MYSTÈRE JOYEUX : l'ANNONCIATION

Fruit du mystère : l'humble obéissance dans la foi

Dans la parole de l'Ange, Dieu révèle à Marie son dessein d'Amour miséricordieux pour tous les hommes et elle se découvre en même temps la *comblée de grâce*, la « Bien-Aimée de Dieu ». Si elle consent, elle deviendra la Mère de Jésus et de tous ses frères ; Jésus : le Sauveur des pauvres, des malades et des pécheurs. Pour l'instant, elle n'a pas l'intelligence totale du mystère et demande à l'Ange, dans l'humilité et l'adoration : *Comment cela se fera-t-il ?* Il lui suffit de savoir que l'Esprit-Saint, le Maître de l'Impossible, la prendra sous son ombre pour qu'elle acquiesce totalement à la Puissance de la Parole de Dieu, dans une disponibilité absolue :

- Marie, apprends-nous l'obéissance de la foi, dans l'humilité du cœur, enseigne-nous à faire la volonté du Père dans l'abandon et la confiance pour que nous devenions mère et frère du Sauveur, en participant à ton mystère de compassion pour l'humanité entière. Marie, fais-nous la grâce de la supplication pour que nous sachions nous livrer comme toi.

2e MYSTÈRE JOYEUX : LA VISITATION

Fruit du mystère : l'humble service des frères dans la louange

Dès que Marie a dit « oui », elle part en toute hâte dire « oui » à sa cousine Elisabeth qui lui demande discrètement son aide. Et le premier service qu'elle rend à sa cousine, c'est de prier avec elle, en chantant les merveilles de Dieu pour son humble servante. Elle traduira ensuite son amour pour Dieu dans l'humble service du travail quotidien :

- Bienheureuse es-tu, Marie, parce que tu as cru à la Parole de Dieu. Tu as pu alors confesser ta foi en rendant grâce au Seigneur, qui a jeté les yeux sur toi. Aide-nous à prier, dans la supplication et l'action de grâce, avec ceux que nous servons chaque jour.

3e MYSTÈRE JOYEUX : LA NAISSANCE DU SAUVEUR

Fruit du mystère : la pauvreté du cœur

En entrant dans le monde, le Christ dit : *de sacrifice et d'offrande, Tu n'as pas voulu, mais Tu m'as façonné un Corps. Alors, j'ai dit : Je suis venu, ô Dieu, pour faire ta volonté* (Heb 10,5-7). En offrant dans son cœur et dans son corps un espace de liberté pour que le Verbe de Dieu puisse prendre chair, Marie a uni son *Fiat* au « oui » du Christ qui entre dans le monde. Par sa pauvreté et sa foi, elle collabore ainsi activement à l'œuvre de rédemption de son Fils et devient pour nous tous Mère de la miséricorde :

- O Marie, enseigne-nous à nous livrer totalement au Christ dans l'Eucharistie de chaque jour et à collaborer ainsi au salut du monde et plus spécialement de ceux que nous servons, afin que nous témoignions de la miséricorde du Père.

4e MYSTÈRE JOYEUX : LA PRÉSENTATION DE JÉSUS AU TEMPLE ET LA PURIFICATION DE LA VIERGE

Fruit du mystère : la pureté du cœur

Le *Fiat* de la Vierge à l'Annonciation l'a introduite dans le mystère de son Fils, leurs destinées se sont inextricablement liées, aussi bien dans leur vie que dans leur mort. En venant s'offrir avec lui au Temple, le vieillard Siméon lève pour Marie un coin du voile et lui révèle qu'un glaive lui transpercera le cœur. *Ainsi, dit-il, seront dévoilés les débats de bien des cœurs* (Luc 2,35). Marie ne répond rien mais garde ces paroles dans son cœur pour les méditer dans la prière :

- O Marie, dans ton cœur transpercé, nous contemplons déjà le côté ouvert de ton Fils sur la croix qui nous fait entrevoir la grande blessure du cœur de Dieu face à ceux qui se perdent. Fais-nous la grâce d'adorer ton Fils crucifié dans ses membres souffrants.

5e MYSTÈRE JOYEUX : JÉSUS EST PERDU ET RETROUVÉ DANS LE TEMPLE

Fruit du mystère : la recherche de Dieu et de Sa volonté

Durant trois jours, Jésus restera perdu au Temple de Jérusalem, comme il demeurera trois jours enseveli au cœur de la terre et des enfers. Mais son cœur profond demeure toujours chez le Père pour faire ce qu'il Lui plaît. C'est Marie qui a appris à Jésus à vivre quotidiennement l'abandon joyeux à la volonté du Père. A son tour, Jésus l'invite à un nouvel effacement que Marie ne comprend pas d'abord, mais auquel elle consent, puisqu'elle a décidé de toujours dire « oui » au Père :

- O Marie, dans le déroulement de notre histoire, nous sommes surpris et angoissés par des événements qui déroutent nos plans et bousculent nos projets : fais-nous le don de l'oraison afin que nous puissions comprendre la volonté du Père et nous y ajuster dans l'abandon actif et joyeux.

1er MYSTÈRE DOULOUREUX : L'AGONIE DE JÉSUS A GETHSÉMANI

Fruit du mystère : la conversion du cœur

A l'agonie, Jésus nous invite à l'accompagner à Gethsémani pour demeurer avec lui car il est en agonie jusqu'à la fin du monde. Il nous invite surtout à persévérer dans la prière pour ne pas entrer en tentation. Tournons-nous vers la Sainte Vierge, elle nous fera entrer dans la prière de Jésus, car la prière de Marie à l'Annonciation est la même que celle de Jésus au Jardin des Oliviers : tous deux savent que rien n'est impossible à Dieu et qu'ils peuvent tout lui demander, mais dans le mouvement, ils s'effacent, comme chacune des personnes de la Sainte Trinité, pour que la volonté de Dieu puisse s'accomplir en eux :

- Seigneur Jésus, à Gethsémani, tu as présenté au Père qui pouvait te sauver de la mort ta prière et ta supplication avec grands cris et larmes et tu as été exaucé en raison de ton obéissance. Jette sur nous un regard de miséricorde et prends pitié de nous, pécheurs. A la prière de Marie, refuge des pécheurs, à qui tu as confié tout l'ordre de la miséricorde, obtiens-nous la grâce de la conversion.

2e MYSTÈRE DOULOUREUX : LA FLAGELLATION

Fruit du mystère : nous portons dans notre corps les marques de la Passion

Sur le dos du Christ, les laboureurs ont tracé leurs longs sillons et son sang a giclé sur les parois du pressoir, mais il n'a pas durci sa face devant ceux qui lui arrachaient la barbe. Face à la dureté du cœur des hommes, il a offert l'infinie douceur du cœur de Dieu en priant : *Père, pardonne-leur, car ils ne savent pas ce qu'ils font.*

- Seigneur, tu nous associes souvent à porter dans notre corps les marques de ta Passion, tu nous donnes aussi de vivre avec des hommes et des femmes qui revivent ta Passion dans leur chair et dans leur cœur. Donne-nous de ne pas nous endurcir devant notre souffrance ou celle de nos frères. Marie, donnez-nous la douceur de votre cœur de compassion afin que nous puissions panser toutes ces blessures.

3e MYSTÈRE DOULOUREUX : LE COURONNEMENT D'ÉPINES

Fruit du mystère : l'humilité du cœur

Seigneur, nous te voyons couronné d'épines alors que tu es le Roi de gloire, mais ta royauté n'est pas de ce monde et ceux qui te bafouent ou te tournent en dérision n'auraient aucun pouvoir si cela ne leur était pas donné d'en-haut. Aujourd'hui encore des puissants persécutent et torturent des justes en les traitant de fous, parfois au nom même de leur foi :

- Seigneur, à tous ceux qui sont persécutés par la main des hommes ou qui souffrent de tortures morales ou de dépression, donne l'humilité de l'amour, la force la plus puissante de toutes. Fais qu'ils puissent rencontrer sur leur route la Vierge ou Véronique qui accueillent dans leur cœur leurs visages défigurés par les coups et les crachats.

4e MYSTÈRE DOULOUREUX : LE PORTEMENT DE LA CROIX

Fruit du mystère : porter sa croix avec le Christ

Nous entendons souvent l'invitation à porter notre croix comme un appel à la générosité. Nous voudrions porter notre croix grandement et glorieusement et nous expérimentons chaque jour la faiblesse de tomber, comme Jésus est tombé trois fois sur le chemin du Calvaire. Ainsi, Jésus nous montre le chemin qui nous mènera de l'humiliation à l'humilité :

- Seigneur, tu n'as pas eu besoin de refuser la faiblesse pour être fort, car ta force n'était pas la tienne mais celle du Père et tu as voulu que cela soit manifesté par ta propre faiblesse. Donne-nous de rencontrer sur notre route Marie, la Mère de la miséricorde, qui nous apprendra à nous réjouir de notre faiblesse pour que la puissance de Dieu se manifeste à travers elle.

5e MYSTÈRE DOULOUREUX : LA MORT DE JÉSUS EN CROIX

Fruit du mystère : se laisser attirer par Jésus en croix

Sur la croix, Jésus est tout entier tourné vers son Père dans une prière tragique d'abandon qui le pousse à lui remettre sa vie entre les mains. Sa prière culmine dans le grand cri qui ne cesse de retentir dans le cœur de ceux qui ont des oreilles pour entendre et des yeux pour contempler. Et, en même temps, il regarde sa Mère qu'il associe à sa passion douloureuse et glorieuse pour en faire la Mère de tous les hommes. Marie est là, debout au pied de la croix, et regarde aussi son Fils dans un amour de compassion, de telle sorte que leurs cœurs sont broyés dans le même amour trinitaire :

- O Marie, tu as été éduquée par le Saint-Esprit à ne jamais te regarder mais à fixer uniquement ton regard sur ton Fils en croix, de telle sorte que tu as subi le martyre de la crucifixion dans ton cœur, sans le connaître dans ton corps. Dans le mystère de ta transfixion, apprends-nous la vraie compassion qui se laisse attirer par ton Fils élevé de terre. Dépose en nos cœurs ton amour de compassion pour nos frères souffrants.

LES MYSTÈRES GLORIEUX

1er MYSTÈRE GLORIEUX : LA RÉSURRECTION DE JÉSUS

Fruit du mystère : la foi au Christ vivant

Dans le mystère de Pâques, nous contemplons la puissance de l'Esprit-Saint qui a ressuscité Jésus d'entre les morts et notre cœur est comblé de la joie que Marie a éprouvée en écoutant la parole de l'Ange à l'Annonciation : *Réjouis-toi, Marie, comblée de grâce.* Désormais, Jésus est vivant et chacun de nous peut le rencontrer sur la route comme les disciples d'Emmaüs ; mais la rencontre la plus profonde que nous puissions faire de lui, est d'expérimenter qu'il habite et vit à l'intérieur de notre cœur par la paix et la joie de l'Esprit-Saint qu'il répand en nous :

- Seigneur Ressuscité, tu chemines avec nous, à nos côtés, mais nous avons un cœur dur, un esprit lent à croire et nos yeux sont aveugles à ta présence. A la prière de Marie, la Vierge fidèle, explique-nous les Ecritures et partage-nous le pain pour que notre cœur brûle du feu de l'Esprit-Saint.

2e MYSTÈRE GLORIEUX : L'ASCENSION

Fruit du mystère : entrer dans la prière du Christ au Père

Jésus est venu du Père nous révéler sa miséricorde et il retourne au Père dans la gloire. La gloire du Christ en croix est celle de l'amour miséricordieux infiniment blessé par l'endurcissement du cœur de l'homme. Assis à la droite du Père, Jésus s'est acquis un nouveau Nom : il est devenu miséricorde. C'est pourquoi il poursuit son œuvre de miséricorde dans l'activité suprême qu'est l'intercession (Heb 7,25). Il ne s'agit plus de l'humble intercession du Christ aux jours de sa chair, mais de l'intercession de Celui qui est intronisé à la droite de Dieu et qui a reçu un Nom au-dessus de tout nom :

- Aux jours de ta vie terrestre, tu nous as invités à prier le Père en ton nom, en nous promettant que nous serions toujours exaucés. Jusqu'à présent, Seigneur, nous n'avons encore rien demandé, mais aujourd'hui, nous voulons entrer dans ta prière toute-puissante afin que le nom du Père soit manifesté à tous nos frères.

3e MYSTÈRE GLORIEUX : LA PENTECÔTE

Fruit du mystère : l'effusion de l'Esprit-Saint

Jésus devait nous quitter pour nous envoyer le Saint-Esprit et nous faire partager le secret qu'il détient avec son Père. Nous avons donc absolument besoin de l'Esprit pour invoquer Jésus notre Seigneur et notre ami, et prononcer avec un esprit filial le nom du Père. C'est lui qui nous fait pénétrer et demeurer au cœur de la Trinité Sainte pour être en Jésus adorateur et intercesseur. Et Jésus a voulu que l'Esprit soit donné en réponse à la supplication de Marie, réunie avec les Apôtres au Cénacle. Tournons-nous vers elle pour obtenir cet Esprit Consolateur qui nous fait connaître le Père et nous révèle le Fils :

- O Marie, tu es demeurée dix jours au Cénacle avec les Apôtres et c'est ta confiance qui a attiré le feu de l'Esprit sur l'Eglise naissante comme elle avait permis l'incarnation du Fils de Dieu en ton sein, à l'Annonciation : obtiens-nous la grâce de durer et de persévérer dans la supplication afin que le feu de l'Esprit prenne au cœur des frères et de l'Eglise.

4e MYSTÈRE GLORIEUX : L'ASSOMPTION

Fruit du mystère : la grâce de mourir dans la prière

En Marie, nous contemplons la création transfigurée et l'homme dans la gloire du Père. Depuis notre baptême, nous sommes habités par ce germe de gloire qui gémit encore dans les douleurs de l'enfantement, en attendant la rédemption de notre corps dans notre Pâque. *Dès maintenant, nous sommes enfants de Dieu, mais ce que nous serons n'a pas encore été manifesté. Lorsqu'il paraîtra, nous lui serons semblables et nous le verrons tel qu'il est* (1 Jean 3,2) :

- O Marie, tu contemples le Père avec tes yeux de chair et tu partages la gloire de ton Fils. Regarde tes enfants qui cheminent encore dans leur pèlerinage terrestre et donne-leur de découvrir le regard de tendresse du Père qui voit dans le secret et veille sur chaque instant de leur existence jusqu'au jour où il seront appelés à vivre toujours avec lui. Prie pour nous, pécheurs, maintenant et à l'heure de notre mort.

5e MYSTÈRE GLORIEUX : LE COURONNEMENT DE MARIE AU CIEL

Fruit du mystère : nous confier à la prière de Marie

Un grand signe apparut dans le ciel : une femme vêtue de soleil, la lune sous ses pieds et sur la tête une couronne de douze étoiles (Apoc 12,1). Associée à la gloire de son Fils ressuscité, Marie nous apparaît dans la gloire du ciel comme l'Eve nouvelle, la femme parfaite qui a remporté la victoire de la foi. Elle est la Toute-Pure et la Toute-Sainte. Comme elle a toujours dit « oui » à Dieu sur terre, Dieu répond « oui » aussi à chacune de ses prières. Elle est la Toute-Puissance suppliante qui intercède sans cesse pour nous auprès du Père, au nom de son Fils. Par sa prière, elle nous obtient le don par excellence, celui de l'Esprit-Saint qui fait de nous des fils :

- O Marie, quand les Apôtres attendaient l'Esprit-Saint, tu as joint ta supplication à celle des disciples, devenant ainsi le modèle de l'Eglise en prière. Elevée dans la gloire du ciel, tu accompagnes et protèges l'Eglise de ton amour maternel dans sa marche vers la patrie, jusqu'au jour de la venue glorieuse du Seigneur. Accueille notre supplication et demande pour nous le Saint-Esprit qui, seul, peut nous faire la grâce de la prière.

PRIÈRE A MARIE, MÈRE DE LA COMPASSION

Seigneur, Dieu de tendresse et de pitié, tu nous as envoyé ton Fils Jésus pour nous révéler ta miséricorde de Père. Par amour pour nous, il s'est offert lui-même sur l'autel de la croix pour obtenir le pardon de nos péchés et le salut du monde. En mourant au Calvaire, il a remis à saint Jean sa Mère. Au pied de la croix, elle a accueilli le testament d'amour de son Fils et elle a reçu pour fils tous les hommes que la mort du Christ a fait naître à la vie divine. Ainsi elle est devenue pour nous Mère de miséricorde et de compassion.

O Marie, tourne vers nous ton regard plein de miséricorde et apprends-nous la vraie confiance et l'obéissance de la foi. Donne-nous de croire de toutes nos forces à la puissance de l'Amour miséricordieux du Père révélé en Jésus et de nous offrir à cet Amour dans l'Eucharistie quotidienne pour que nous devenions une offrande éternelle à la gloire de Dieu.

Comme tu as soutenu la prière des Apôtres au Cénacle, demande pour nous, au nom de ton Fils Jésus, l'effusion de l'Esprit-Saint. Qu'il suscite notre prière de miséricorde, nous fasse le don de l'oraison et nous apprenne à vivre à chaque instant dans la fidélité et l'obéissance à son inspiration.

O Marie, Mère de compassion, ton Fils nous a appelés à poursuivre son œuvre de guérison et de compassion envers tous ceux qui souffrent, spécialement envers ceux qui ne connaissent pas l'Amour du Père : fais de nous des témoins de son Amour miséricordieux et donne-nous de guérir les corps et de consoler les cœurs affligés afin que tous les hommes découvrent les signes du Royaume de Dieu et sa présence au milieu de nous.

AMEN

ANNEXE

LA PRIÈRE DE MARIE

Lorsqu'il s'agit de parler de la prière de Marie, qui peut éviter d'encourir le soupçon : d'où lui vient ce qu'il va dire ? « D'où cela lui vient-il ? » (Marc 6,2). D'autant plus que, parler de la prière de la Vierge, c'est toucher au mystère le plus profond de sa personne, celui de sa relation à Dieu. Elle-même n'a sûrement pas eu conscience qu'elle priait, puisque la prière parfaite s'ignore. Marie est une femme simple qui croit et prie. Elle n'a absolument pas l'idée qu'elle est l'élue du Seigneur, la « Bien-Aimée », comme dira l'Ange, celle sur qui le regard du Seigneur s'est tourné pour l'associer à son œuvre. Comme beaucoup de gens simples, elle s'est contentée de prier, sans faire de retour sur elle-même pour réfléchir sur sa prière, encore moins pour la noter. Ce qui caractérise Marie, et aussi sa prière, c'est qu'elle a toujours été centrée sur Dieu, et donc décentrée d'elle-même. C'est là le sens de son titre d'Immaculée.

En Marie plus qu'en quiconque, la prière est un mystère, parce qu'elle s'enracine beaucoup plus profondément dans le mystère de Dieu ; sans parler de la discrétion de l'Evangile à ce sujet. Il y a, bien sûr, sa confession de foi dans le *Magnificat* et les deux passages où il est dit qu'elle gardait et méditait ces événements dans son cœur ; il y a ensuite sa prière discrète à Cana et enfin la mention de sa prière au Cénacle. Si on interrogeait plus à fond les textes, on pourrait encore trouver d'autres formes de prière implicite : pensons par exemple à la présence silencieuse de Marie au pied de la croix, forme éminente de l'oraison. Mais nous nous en sommes tenus aux mentions explicites de sa prière, et nous en avons retenu deux : deux paroles qui n'en font qu'une par leur contenu. La première se rapporte à la naissance de Jésus à Bethléem : *Quant à Marie, elle retenait tous ces événements et les méditait dans son cœur* (Luc 2,19). La seconde concerne le séjour de Jésus au Temple ; plus brève, son contenu est le même : *Et sa mère gardait tous ces événements dans son cœur* (Luc 2,51).

PREMIÈRE ÉTAPE

Pourquoi avons-nous choisi ces deux versets à peu près semblables pour parler de la prière de Marie ? D'abord pour une raison exégétique fondamentale, qui explique les récits de Luc sur l'enfance de Jésus. Apparus dans la primitive Eglise bien après la Pentecôte et l'effusion de l'Esprit, ces récits nous ont été rapportés par Luc (qui est aussi l'auteur des Actes), mais ils circulaient dans la tradition orale des communautés primitives et nous venaient directement de Jean, qui les avait reçus de la Vierge elle-même. C'est du moins ce que pense un exégète, le regretté Père Georges.

DEUXIÈME ÉTAPE

Ce n'est pas le lieu de dire ici comment ces récits sont apparus et la genèse de leur formation, mais nous pouvons quand même saisir le lien qui existe entre l'événement dans sa matérialité historique (Annonciation, Visitation, Naissance à Bethléem...) et leur rédaction définitive chez Luc. Ce qui revient à dire que Marie a retenu tous ces événements et les a médités dans son cœur au cours de l'existence terrestre de Jésus et qu'elle n'en a reçu la révélation totale et plénière qu'après Pâques, dans la lumière de l'Esprit-Saint. Mais pour en arriver là, il y a eu, pour Marie et l'Eglise primitive, la grande retraite au Cénacle durant dix jours, où Marie a initié les disciples à la supplication incessante.

TROISIÈME ÉTAPE

Aujourd'hui encore, Marie veille sur l'Eglise pour la faire demeurer au Cénacle dans la prière, elle exerce à l'égard de chacun d'entre nous un rôle maternel d'éducatrice, pour nous initier à la supplication qui mène à la prière du cœur. C'est en ce sens que nous pouvons comme elle retenir et méditer dans notre cœur les événements de la vie de Jésus et découvrir, à leur lumière, le sens de notre propre vie.

Mais avant de développer ces trois étapes, nous voudrions d'abord revenir à notre point de départ et insister sur le rôle du Saint-Esprit pour nous introduire dans le mystère de Marie. Nous verrons tout au long du cheminement des trois étapes combien l'Esprit est à l'œuvre dans la vie de Marie, avant et après Pâques : c'est lui qui opère en Marie l'incarnation du Verbe et c'est lui qui donne l'intelligence de ce mystère dans l'obéissance de la foi.

De la même manière que l'Esprit-Saint a suscité la prière de Jésus, aux jours de sa chair, il suscite la prière de Marie et la nôtre : *A l'instant même, il exulta sous l'action de l'Esprit-Saint et dit : Je te loue, Seigneur du ciel et de la terre* (Luc 10,21). C'est le même Esprit qui fait exulter Marie dans le Magnificat : *Mon âme exalte le Seigneur, exulte mon esprit en Dieu mon Sauveur* (Luc 1,47). Il faut prier intensément l'Esprit pour approcher le secret de la prière de Marie, sinon nous resterons à la porte du mystère.

1. ELLE RETENAIT CES ÉVÉNEMENTS

Cette première étape semblera peut-être aride, mais elle est indispensable pour donner une assise scripturaire et théologique à notre prière mariale. De plus, elle est intéressante, car elle nous aide à comprendre comment ces récits fondateurs de notre foi, tels que l'Annonciation ou la naissance à Bethléem, ont pu naître et prendre corps. Il y a toujours beaucoup de joie à relire des souvenirs d'une maman qu'on a aimée.

L'INTENTION DE LUC

Qu'a voulu faire Luc en composant son évangile ? Il dit clairement qu'il a voulu faire œuvre d'historien. *Puisque beaucoup ont entrepris de composer un récit des événements accomplis parmi nous, d'après ce que nous ont transmis ceux qui furent dès le début témoins oculaires et qui sont devenus serviteurs de la Parole, il m'a paru bon, à moi aussi, après m'être soigneusement informé de tout à partir des origines, d'en écrire pour toi un récit ordonné, très honorable Théophile, afin que tu puisses constater la solidité des enseignements que tu as reçus* (Luc 1,1-4).

Il agit donc à la manière des historiens, rapportant des événements précis, d'après des témoins oculaires ; mais ces événements appartiennent à un autre registre que l'histoire, car ils sont accomplis par Dieu, recueillis dans une tradition et transmis par des *serviteurs de la Parole.* On ne peut dire plus clairement que c'est une bonne Nouvelle, un Evangile. A travers ce texte, on remonte à des événements bruts qui ont été l'objet d'une méditation approfondie de la Vierge, sous l'action de l'Esprit, pendant sa vie terrestre et surtout quand l'Esprit de la Pentecôte est descendu sur elle et sur les Apôtres. Ces textes ont été ensuite élaborés au creuset de la prédication dans la puissance du même Esprit jusqu'au jour où ils ont été écrits sous l'inspiration de Dieu.

C'est là qu'on peut comprendre comment ces récits qui nourrissent la prière liturgique et l'oraison personnelle des chrétiens sont arrivés jusqu'à nous. Il est bien clair que Marie n'a pas parlé de ces événements au moment où ils se sont passés ; c'est une femme simple, avons-nous dit : elle croit et prie mais n'est pas chargée de transmettre ces événements. De plus, on se rend compte qu'elle ne parle pas de ce qui s'est passé entre elle et l'Ange, puisqu'elle ne se défend pas auprès de Joseph. C'est seulement au moment où Jésus sera intronisé en gloire par la Résurrection qu'elle pourra parler du « Seigneur » à ceux qui ont vécu trois ans avec lui. C'est un peu comme si elle relisait les événements du passé à la lumière de la Résurrection : « Oui, ce qui arrive aujourd'hui était bien contenu en germe dans cet enfant conçu à Nazareth, né à Bethléem, et mort à Jérusalem. »

LE SECRET DE MARIE

Mais nous n'en sommes pas encore là. Pour le moment, ce qui se passe entre Dieu et Marie, par l'intermédiaire de l'Ange, est un secret. Il paraît normal que Marie garde son secret ; ce n'est pas d'abord le sien, mais celui de Dieu ; à Lui d'aviser et de prévenir Joseph. C'est là que nous trouvons les deux paroles de Luc. Marie garde ces événements dans son cœur (l'Annonciation, la Visitation, la naissance et la circoncision de Jésus, la présentation au Temple, la jeunesse et les premières paroles de Jésus au Temple).

On comprend alors combien ces paroles de Luc sont lourdes de combat et d'obéissance de la foi, et en même temps d'incompréhension et de silence. En d'autres termes, ces paroles ont un poids de prière que seul peut comprendre celui qui les a scrutées dans la prière prolongée de l'Esprit-Saint. C'est toute la vie de prière de Marie qui est enclose dans ces deux versets de Luc.

Marie n'en avait sûrement pas l'intelligence et la compréhension totales, si l'on s'en tient au genre littéraire de ces paroles. Elles relèvent, disent les exégètes, du style apocalyptique et pour les comprendre il faut les éclairer par deux autres textes de la Bible, en particulier par celui de la Genèse où il est question de Joseph. Son comportement étonne et rend jaloux ses frères *mais son père gardait la chose dans sa mémoire* (Gen 37,11) ; le second texte est encore plus significatif puisqu'il s'applique au Fils de l'Homme : *Moi, Daniel, je fus grandement troublé dans mes pensées, ma mine changea et je gardai ces choses dans mon cœur* (Dan 7,8).

On le voit bien, l'expression « garder les choses dans sa mémoire ou dans son cœur » est une attitude essentiellement biblique qui consiste à retourner un événement dans tous les sens, en le méditant pour le comprendre, jusqu'au jour où sa signification ultime doit être révélée. C'est pourquoi cette parole relève du genre apocalyptique. En d'autres termes, elle est mise en réserve pour l'avenir.

LA RÉVÉLATION PLÉNIÈRE

Et pour Marie, l'avenir c'est la Passion glorieuse de Jésus et l'expérience qu'elle fera de sa présence au Calvaire, où Jésus lui donnera Jean pour Fils et où celui-ci la prendra chez lui, comme sa mère. C'est après la Pentecôte que Marie pourra parler de Jésus, et surtout de sa naissance virginale et de son origine divine. Le récit de l'Annonciation n'est vraiment bien compris que dans la lumière de Pâques. De même, les trois jours de Jésus passés au Temple rappellent l'étape du Vendredi Saint à Pâques.

C'est précisément dans la conjonction des événements passés et présents que nous découvrons l'action de l'Esprit-Saint, aussi bien en Marie qu'en Jésus et dans l'Eglise. Il y a un rapport très étroit entre la conception virginale et la Pentecôte. C'est au moment où les Apôtres auront reçu l'Esprit-Saint que Marie pourra parler de la conception virginale de Jésus et de sa naissance de l'Esprit-Saint. C'est l'Esprit qui a pétri le corps de Jésus dans le sein de la Vierge Marie. Jésus peut donc donner l'Esprit, puisqu'il en est le fruit dans son humanité. A force de « retourner » ces événements dans son cœur et de se laisser inspirer par l'Esprit agissant au-dedans, mais aussi survenant au-dehors par l'événement de la Pentecôte, Marie a compris le sens de tout ce qui lui arrivait, depuis l'Annonciation jusqu'à la croix.

2. *ELLE MÉDITAIT DANS SON CŒUR*

Lorsqu'on évoque la prière du cœur de Marie, au sens où elle médite *dans son cœur,* il faut envisager deux niveaux : le niveau géographique, évoqué par saint Luc, et qui s'est reflété dans la conscience claire de Marie. Mais il faut envisager un niveau plus géologique, c'est-à-dire le cœur profond de la Vierge, véritable demeure de l'Esprit-Saint, selon la belle oraison de la fête du Cœur Immaculé de Marie, si chère au P. Libermann : « O Dieu, Tu as préparé dans le cœur de la Vierge Marie une demeure digne de l'Esprit-Saint. » De telle sorte qu'en Marie, la plénitude de la grâce (« Toi qui as la faveur de Dieu ») (Luc 1,28) s'exprimait par un état de prière continuelle. Là, l'Esprit rendait témoignage à son esprit et il y avait un dialogue continuel entre l'Esprit-Saint et l'esprit créé de Marie.

LA PRIÈRE DE L'ESPRIT EN MARIE

Lorsqu'il évoque la prière continuelle de Marie, le Père Raguin l'enracine dans sa nature originelle. Comme nos premiers parents, avant la chute, elle vivait dans la familiarité habituelle de Dieu. C'est pourquoi les Pères de l'Orient l'appelleront « la Mère de la prière incessante ». Et la source de la prière de Marie est bien sûr l'Esprit-Saint qui pousse sans cesse des gémissements et crie en elle : *Abba ! Père !* (Rom 8,15 ; Gal 4,6). On ne peut pas imaginer que la prière de la mère soit différente de la prière du Fils et le cœur de sa prière devait être habité par le Nom du Père, dans un double mouvement de supplication et d'abandon.

Ceux qui sont conduits par l'Esprit à ce niveau profond, là où l'Esprit scrute les profondeurs de la paternité divine et les profondeurs de notre propre cœur sont vraiment fils de Dieu (1 Cor 2,10-12). A Marie s'applique d'une manière privilégiée ce texte de Paul sur l'habitation de l'Esprit-Saint dans notre cœur. Il atteste et nous convainc que nous sommes fils de Dieu et que la prière est la respiration de la vie éternelle en nous. Or nous sommes tous fils et filles de Dieu, mais nous n'en sommes pas conscients, car le péché obstrue l'entrée de notre cœur et empêche l'Esprit de jaillir en cris ineffables.

En Marie, aucune pierre n'empêchait la libre circulation de la prière de l'Esprit dans tout son être, jusque dans son corps lui-même qui exultait par la présence du Verbe fait chair en elle. Prière très mystérieuse, puisque l'Esprit prie en elle avec des cris inexprimables, mais prière très efficace, puisqu'elle rejoint le désir réel de l'Esprit dans son cœur : *L'Esprit lui-même intercède pour nous en gémissements inexprimables ; et celui qui scrute les cœurs sait quelle est l'intention de l'Esprit : c'est selon Dieu en effet que l'Esprit intercède pour les saints* (Rom 8,26-27).

Y a-t-il communication entre ce niveau du cœur profond, que nous avons appelé géologique, et celui plus accessible de notre conscience claire, nommé par nous géographique ? Il est clair que pour nous, et nous le verrons plus loin, c'est le labeur de la prière incessante et le temps qui font percevoir à la conscience des échos de cette prière, jusqu'au moment où nous prions, comme nous respirons, sans nous en apercevoir. Si nous regardons les versets de Luc, il semble que ce mouvement de prière du cœur ait été « naturel » à la Vierge ; bien plus, les événements extérieurs comme la naissance de Jésus et sa perte au Temple ne viennent pas troubler sa prière, mais donnent un aliment à la méditation de son cœur.

C'est à propos de ces deux événements que Luc parle de la prière du cœur de Marie, le premier rapporte la naissance de Jésus, la parole de l'ange sur le Sauveur et l'adoration des bergers à la Crèche ; ceux-ci rapportent à Marie et à Joseph tout ce qu'ils ont entendu : *Quant à Marie, elle retenait tous ces événements et les méditait dans son cœur* (Luc 2,19). A la place du mot *événements,* certains traduisent par le mot *paroles.* Mais « dans les langues sémitiques, le mot « parole » peut être employé pour dire un événement » (T.O.B. note n.p. 195). On a gardé ici le mot événement pour faire le parallèle avec 1,65 et surtout 2,51.

CŒUR ET PAROLE

Sans forcer les mots, on pourrait dire ici que l'événement est une parole au sens où la parole de Dieu est *vivante et plus efficace qu'un glaive à deux tranchants, elle pénètre dans le cœur pour passer au crible ses pensées et ses mouvements et rien n'échappe à son regard* (Heb 4,12-13). Dans le cœur de la Vierge, l'événement-parole a un effet de révélateur, et, en transperçant son cœur à la manière d'un glaive, il fait jaillir en elle la prière de l'Esprit. En ce sens, elle médite l'événement en le « replongeant » dans la prière de l'Esprit, afin d'en découvrir la signification. L'Esprit qui parle au-dedans, au plus intime du cœur, est aussi celui qui parle au-dehors par les événements et par la Parole.

Disons qu'il y a en Marie un « va-et-vient » entre le cœur et la parole ou entre le cœur et l'événement. Lorsque l'étincelle de la Parole touche le cœur, le feu de la prière jaillit, et rejaillit du cœur vers la Parole, car les deux sont animés par le même Esprit. Et c'est là que Marie peut renvoyer cette parole à Dieu parce que celle-ci a été fécondée dans son cœur par l'Esprit-Saint pour devenir prière. C'est l'Esprit qui la prend en main, va l'incorporer à sa propre prière, en faire sa prière dans le cœur de la Vierge, d'abord sur ses lèvres, puis dans ses paroles, qui ont été soulevées par cette parole fondamentale qui vient d'être libérée dans son cœur.

Nous retrouvons le même mouvement dans la citation de Luc, à propos des premières paroles de Jésus au Temple. Mais il est intéressant de noter le contexte dans lequel va apparaître cette parole : *Sa mère gardait tous ces événements dans son cœur* (Luc 2,51). Il est dit clairement que tous s'extasiaient sur l'intelligence des réponses de Jésus. Sa mère lui dit : *Mon enfant, pourquoi as-tu agi de la sorte avec nous ? Vois, ton père et moi, nous te cherchions tout angoissés.* Et Jésus de leur répondre : *Pourquoi me cherchiez-vous ? Ne saviez-vous pas qu'il me faut être chez mon Père.* Mais eux ne comprirent pas ce qu'il leur disait (Luc 2,47-50). Nous avons ici un très beau témoignage sur le cheminement de la parole dans le cœur de Marie, qui la provoque à l'obéissance de la foi.

L'ÉPREUVE DE LA FOI

Bien que Marie ait consenti totalement à la proposition de Dieu lors de l'Annonciation, bien qu'elle ait donné une adhésion totale à sa volonté, l'obscurité de la foi n'est pas éliminée pour autant. Comme dit si justement Urs von Balthasar : « Il faut que quelque part, au nom de toute l'humanité, le oui intérieurement illimité soit donné à la Parole suréminente de Dieu qui dépasse sans cesse toute compréhension ; un oui qui rejoigne cette parole jusqu'au bout, dans un accord sans réserve et un effort de réflexion pour la comprendre (Luc 2,19 et 51) et la suivre, qui déclenche dans l'histoire un mouvement sans fin » (*La Gloire et la Croix*. Volume 5, pp. 83-84).

C'est dans le creuset de la méditation et surtout de la supplication que Marie va retenir ces événements et en découvrir le sens, surtout après Pâques, quand l'Esprit-Saint lui sera donné et l'éclairera sur le mystère de la personne de Jésus. Le consentement qu'elle donne une fois pour toutes à l'ange Gabriel ne la dispense pas de creuser sa foi au fil des événements quotidiens, en donnant une préférence permanente à la pensée de Dieu sur la sienne : « Marie a grandi dans la foi tout au long de son pèlerinage terrestre » (Vatican II).

Au fond, la foi de Marie porte sur le secret même de Jésus, c'est-à-dire sur son mystère de Fils de Dieu. Elle devra réaliser que Jésus « doit être chez son Père » (Luc 2,49), que c'est là sa vraie Demeure, le lieu où il habite et veut nous introduire, en nous faisant partager son secret. Elle n'en aura la révélation plénière que lorsque l'Esprit-Saint lui sera donné et l'introduira dans la vérité tout entière. En expérimentant la puissance de Dieu qui a ressuscité Jésus d'entre les morts, elle confessera sa Seigneurie sur les puissances du ciel et de la terre et comprendra alors tous les événements qui lui sont arrivés au début.

ASSIDUS A LA PRIÈRE AVEC MARIE

Entre les événements du début et la révélation plénière dans la lumière de Pâques, y a-t-il eu un événement charnière qui nous renseigne sur la prière explicite de Marie ? L'auteur des Actes, qui est aussi saint Luc, va nous mettre sur la voie en insistant sur sa prière de supplication au Cénacle : *Tous, unanimes, étaient assidus à la prière, avec quelques femmes dont Marie la Mère de Jésus, et avec les frères de Jésus* (Act 1,14). Il semble bien que ce texte charnière nous livre la clé de la prière de Marie, aussi bien avant qu'après la Résurrection de Jésus et aujourd'hui dans sa gloire.

Pour comprendre la Parole que Dieu lui adressait à travers ces événements, Marie a dû croire et faire confiance à Dieu. En un mot, elle a dû demander et supplier. Mais c'était un mouvement « naturel » chez elle, il s'était déclenché à partir du moment où l'ange lui avait dit : *Rien n'est impossible à Dieu* (Luc 1,37). Il y avait comme un double mouvement à sa prière : elle suppliait le Maître de l'Impossible et en même temps elle s'en remettait à sa volonté : *Qu'il me soit fait selon ta Parole :* un mouvement d'aspiration et de demande suivi d'un mouvement de respiration et d'abandon au Père. C'est exactement la prière de Jésus à l'Agonie : *Père, à Toi, tout est possible ; éloigne de moi cette coupe. Pourtant, non pas ce que je veux, mais ce que tu veux* (Marc 14,36).

Si l'on en croit les textes des Actes (1,14), il semble que cette *« méditation »* de Marie sur les événements de la vie de Jésus se soit achevée dans la prière, et que celle-ci a déclenché l'effusion de l'Esprit. Un peu comme les cieux se déchirent, à la prière de Jésus, au moment de son baptême. En communion avec l'Eglise naissante, elle supplie le Père, au nom de son Fils Jésus, d'envoyer l'Esprit-Saint.

En ce sens, elle est le type même de l'Eglise orante, comme le dira la préface de la messe de Marie, Mère de l'Eglise : « Quand les Apôtres attendaient l'Esprit-Saint, au Cénacle, elle a joint sa supplication à celle des disciples, devenant ainsi le modèle de l'Eglise en prière. Elevée dans la gloire, elle continue à intercéder pour nous »...

Que faut-il mettre sous ce mot *« prière » ?* Nous croyons qu'il s'agit essentiellement de la supplication et que l'objet ultime de cette prière est l'effusion de l'Esprit : *Combien plus le Père céleste donnera-t-il l'Esprit-Saint à ceux qui le lui demandent* (Luc 11,13). Il est beau de penser que la méditation de Marie s'achève et s'épanouit en supplication. C'est le secret même de la Vierge, fruit de son innocence originelle. Nous le sentons bien, notre grand malheur — celui du péché originel — est d'avoir perdu la clé de la supplication ! Quels que soient les privilèges que nous admirons en Marie — Immaculée Conception, maternité divine, Assomption, intronisation dans la gloire — nous soupçonnons que tous ces dons sont gratuits, mais que Marie avait reçu avec eux la clé de la supplication permanente, qui est aussi le secret de l'âme de Jésus.

C'est pour cela que la Vierge a été appelée par les Pères de l'Eglise : « Omnipotens Supplex », la « Toute-Puissance suppliante ». Toute-puissante, parce que suppliante, pour la bonne raison que lorsqu'on sait supplier, avec la foi bien sûr, on obtient tout ; mais la foi elle-même est objet de supplication : *Je crois, Seigneur, mais viens en aide à mon incrédulité.* Cette prière est aussi une supplication. Il est beau de penser que la grande mission de Marie dans la gloire du ciel est d'intercéder pour nous et de demander pour nous le don de la prière.

3. ELLE NOUS INITIE A LA SUPPLICATION

Il faudrait plutôt dire que Marie nous initie à la supplication pour nous mener à la prière du cœur. Nous ne reviendrons pas sur ce que nous avons dit plus haut de la prière de l'Esprit en nous, mais nous sommes tous appelés à découvrir notre cœur de prière en le dégageant de cette carapace qui l'entoure et l'empêche de battre librement. Nous pourrions dire que nous sommes appelés à la respiration de la prière incessante s'harmonisant avec les battements du cœur. En ce sens, Marie est vraiment notre modèle de prière et il nous suffit de la contempler, comme dans un miroir de sainteté, pour découvrir notre propre visage de prière, toujours tourné vers le Père. Nous sommes promis à la même prière du cœur, à condition que nous entrions résolument dans le labeur de la supplication, sachant que c'est le combat le plus ardu de la vie spirituelle et qu'il exige temps, patience et persévérance.

En ce domaine, l'essentiel n'est pas de savoir comment bien prier, ou quelle méthode il faut utiliser pour parvenir à la prière continuelle, mais il vaut mieux savoir comment ne jamais se décourager dans ce combat de la prière. C'est là que Marie intervient, non seulement comme modèle, mais comme initiatrice à la supplication. C'est à force de supplier avec le cri de la prière que le glaive de la Parole transpercera notre cœur et libérera la prière. Alors nous serons surpris d'être en état de prière incessante.

UNE INITIATION

Il faut donc recourir à la Vierge pour qu'elle nous apprenne à supplier. Il en va de la prière comme de la confiance et de la foi. Marie était dans la même obscurité que nous. C'est pour cela que nous devons recourir à elle dans toutes les difficultés concernant la foi. Elle agit de la même manière dans le domaine de la persévérance dans la prière ; c'est pourquoi sa présence était indispensable auprès des Apôtres au Cénacle. Luc nous dit qu'elle était assidue à la prière, avec les disciples ; cela veut dire qu'elle a soutenu le courage et la persévérance des disciples, toujours prêts à baisser les bras, comme Moïse sur la montagne, dans le combat avec Amalecq.

Elle nous garde vigilants dans la prière et nous initie à durer avec des moyens pauvres, comme le Rosaire et la prière de Jésus, comme une maman initie son petit enfant à l'écriture en lui tenant la main, ou à la lecture en épelant chaque mot avec lui. C'est une véritable initiation, au sens où c'est un autre qui prend en main notre prière et la dit avec nous : cet Autre est l'Esprit-Saint. Elle nous apprend à demander l'Esprit pour que nous soit redonnée la clé de la supplication.

Quand elle nous invite à la supplication, elle nous fait expérimenter la puissance de la prière au nom de Jésus. L'Esprit nous redit au plus intime du cœur les paroles du Christ : « Vous n'avez encore rien demandé en mon nom, vous ne savez pas comment demander, ni ce qu'il faut demander. Vous n'avez pas encore commencé. » Et dans ce domaine-là, il faudrait se convaincre que nous n'avons pas encore commencé, quelles que soient les prières que nous avons faites, les détresses que nous avons connues, au cours desquelles des cris et des gémissements ont été arrachés à notre cœur de pierre.

Tout cela n'est rien à côté de ce que Dieu attend, désire et voudrait nous donner comme supplication. C'est pour cette raison qu'il y a des situations et des tribulations qu'Il voudrait nous épargner et qu'Il ne nous épargne pas, car c'est la seule manière dont Il peut obtenir de nous, si nous ne nous raidissons pas trop, l'apprentissage de la supplication. C'est à cet apprentissage que la Vierge nous initie, car la supplication se heurte en nous à une épaisseur de refus et de discussion qui l'empêche de nous mener à la prière continuelle. La Vierge, elle, n'a jamais fait de difficulté pour supplier et c'est pourquoi elle est abandonnée à Dieu en permanence. Quand nous sommes dans une situation difficile, nous discutons, nous hésitons et nous cherchons à en sortir par le haut, alors qu'il faudrait nous enfoncer dans le bas, dans les profondeurs de notre détresse, pour crier vers Dieu. Marie est un chemin qui nous mène du cœur brisé de repentir à la joie du cœur illuminé par la prière invisible.

VERS LA PRIÈRE DU CŒUR INVISIBLE

Pour terminer, allons jusqu'au terme de ce chemin et voyons comment la prière peut s'installer dans le cœur d'un homme, y faire sa demeure, et le garder sans cesse éveillé sous le regard du Père. Il vous a sûrement été donné de rencontrer des hommes et des femmes de prière ; parmi eux, il y a des moines, des laïcs, des prêtres, des vieilles femmes, des moniales ou des jeunes, plus souvent des gens simples et des pauvres. Ces êtres ont été « tout bonnement saisis » par la prière, mais celle-ci est cachée au fond de leur cœur, elle est invisible ; seul le regard du Père voit dans le secret.

Ces êtres continuent leur vie normalement : ils travaillent, parlent, dorment, mangent et prient avec leurs frères, mais si vous n'avez pas « l'œil », au sens de voir « à travers », vous ne vous apercevrez pas qu'ils sont toujours en prière, dans le sanctuaire intérieur de leur cœur. On le comprend, ils cachent leur trésor, car c'est ce qu'ils ont de meilleur et de plus précieux.

Si vous les interrogez un peu, en les poussant dans leurs retranchements, ils vous diront que cette prière continuelle est vraiment une grâce reçue, et certains, pour ne pas dire tous, ajouteront qu'ils ont reçu cette grâce par l'intercession de la Vierge. Pour beaucoup, l'humble récitation du Rosaire a été la voie d'humilité et de pauvreté qui les a engloutis dans la prière continuelle. Il suffit d'en faire soi-même l'expérience au début de l'aventure de l'oraison. On se casse la tête pour trouver le contact avec Dieu ou pour faire silence, et cela ne vient pas. On se met alors à dire le chapelet et la prière habite le cœur, avant qu'on se soit mis à penser à Dieu.

Il y a là un secret, inaccessible aux sages et aux intelligents, mais révélé seulement aux tout-petits. Je ne l'explique pas, je ne fais que le constater et invite les lecteurs à en faire eux-mêmes l'expérience pour juger des résultats. Si on ne peut pas expliquer, ni connaître l'origine ou le terme de cette expérience qui nous dépasse, on peut au moins, dit saint Bernard, « discerner le moment de sa venue et l'heure de son retrait » (*Sermons,* 17, 1. Œuvres mystiques. A. Béguin, Paris. Seuil, 1953). Pourquoi fait-il faire ce discernement ? Pour rendre grâce quand la prière est là et pour la désirer quand elle est absente.

Il semblerait qu'au moment où l'on répéte l'invocation « Sainte Marie, Mère de Dieu, prie pour nous, pécheurs », la prière fasse irruption dans notre cœur. La prière qui s'inscrit ici-bas dans nos pauvres mots humains se répercute dans la prière de la Vierge au Ciel. Nous sommes bien conscients alors que Marie a pris le relais de notre prière et qu'elle intercède pour nous auprès de Jésus, et nous avons encore plus conscience qu'il n'y a qu'une intercession : celle de Jésus au Père (Heb 7,25).

C'est Marie qui, dans la gloire du Ciel, intercède pour nous et nous fait expérimenter les arrhes de la prière de l'Esprit. A certains jours, nous avons comme l'intuition de partager sa prière du cœur et il nous est bon simplement d'être là avec elle. D'autres fois, nous repassons dans la mémoire du cœur le fil des événements de la journée et nous découvrons les humbles passages du Seigneur, ses appels discrets et aussi les refus que nous lui avons opposés en faisant la sourde oreille.

Comme les grains du Rosaire, ces événements forment un tout que nous présentons au Seigneur, dans l'action de grâce et le repentir. Parfois enfin, cette prière du cœur s'identifie au silence et au repos sous le regard du Père. Pour terminer, je vous invite à relire dans « Liturgie des Heures », au Vendredi de la 4e Semaine ordinaire, une Homélie du IVe siècle, sur la Diversité des effets de l'Esprit (Tome 1, p. 159). Après avoir énuméré ce que l'Esprit-Saint peut produire dans l'homme, de joie, de lumière, de feu intérieur et de silence, le texte s'achève ainsi avec humour : « Parfois, il devient un homme quelconque. » C'est si souvent notre état habituel, comme dit sainte Thérèse de Lisieux après avoir expérimenté en elle le feu de l'Amour Miséricordieux, au moment où elle faisait le Chemin de Croix : « Si cela avait duré une seconde de plus, je crois que j'en serais morte. Et puis je retombai dans ma sécheresse habituelle. » Que Marie nous donne d'accueillir la prière de l'Esprit en nous, comme Dieu le veut, dans la joie comme dans la sécheresse !

Achevé d'imprimer le 8 septembre 1994
Imprimerie AGAM à Cuneo (Italie)

Dépôt légal : octobre 1994